KB124946

이 선생의 학교폭력 상담실

1판 1쇄 | 2014년 2월 26일
1판 6쇄 | 2021년 11월 23일

기획 | 따돌림사회연구모임
지은이 | 김경욱 백서윤 임정근 곽은주 이경재 이혜미
펴낸이 | 조재은
편집 | 김지훈 임중혁 김성은 김인정 이단비 박시영
디자인 | 오필민 나지은
마케팅 | 조희정
관리 | 정영주

펴낸곳 | (주)양철북출판사
등록 | 2001년 11월 21일 제25100-2002-380호
주소 | 서울시 마포구 양화로8길 17-9
전화 | 02-335-6407
팩스 | 0505-335-6408
전자우편 | tindrum@tindrum.co.kr

ISBN | 978-89-6372-100-2   03370
값 | 12,000원

이 선생의
학교폭력
상담실

따돌림사회연구모임 기획
김경욱 백서윤 임정근 곽은주 이경재 이혜미 지음

**따사모 선생들의
생생한 교실 밀착형
상담기**

🔖 양철북

학교폭력에 대한 시각 바로잡기,
같은 시각 갖기

우리는 학교폭력에 대한 실상을 모두에게 알리고자 《이 선생의 학교폭력 평정기》라는 소설을 썼습니다. 많은 사람들이 이 책을 통해 학교폭력의 복잡한 현상과 원리, 심각성과 일상성을 알게 된 것 같습니다. 그러자 곧바로 그렇다면 어떻게 해야 할까, 하는 해결책에 대한 요구가 뒤따랐습니다. 특히 학교 현장에서 직접 학교폭력과 만나야 하는 선생님들의 요구가 커 우선 교사에게 필요한 매뉴얼 《교실 평화 프로젝트》를 출판했습니다. 그러나 책의 성격상 이 책에서는 구체적인 문제 상황을 그릴 수 없었습니다. 또한 학생과 학부모의 입장을 반영하기 힘들었습니다. 그래서 학교폭력 문제를 바라보는 우리만의 새로운 시각과 현장에서 맞닥뜨렸던 문제들을 해결하는 과정에서 반복해서 마주했던 물음들에 대한 응답을 모아 이 책을 내놓습니다.

이 책은 교사의 목소리, 학부모의 목소리, 학생의 목소리, 세 부분으로 나뉘어져 있습니다. 처음에는 각자의 처지에서 가장 시급하고 절박한 내용을 찾아 읽게 되겠지만 타인의 목소리에도 귀를 기울여 주셨으면 합니다. 우리가 지금껏 학교폭력 문제와 관련해 비효율적인 대처를 하거나 비인간적이며 비극적 결말을 맞을 수밖에 없었던 이유는 교사와 학생, 학부모가 각각 다른 시각을 가지고 서로의 처지나 조건을 제대로 이해하지 않은 채 불신했기 때문이었습니다. 학교폭력에 대한 진실은 하나인데 학부모, 교사, 학생들은 저마다의 입장에서 진실의 일부만 바라보았습니다. 그래서 부분을 전체로 오인하고는 진실을 숨기려 들고, 갈등을 증폭시키며 상처만 남긴 채 끝나 버리는 경우가 많았습니다. 정월 대보름에 달 보듯이 서로 다른 곳에 서 있지만 교육 공동체 구성원 모두가 평화와 행복이 머무는 교실이라는 한곳을 바라보는 사람들이라는 것을 알았으면 합니다. 이처럼 다르면서도 같은 시각 갖기가 이 책의 중요한 집필 동기였습니다.

그런데 한동안 언론에서 떠들썩하게 다루던 학교폭력 관련 기사가 잦아들면서 요즘 사회 분위기가 잠잠해졌습니다. 그러나 그것이 학교폭력 사건이 줄어들거나 사라졌기 때문이 아니라는 것을 잘 아실 것입니다. 모든 것이 유행처럼 지나갑니다. 아무것도 해결되지 않았고 상황도 변한 게 없는데 마치 아무 일 없는 것처럼 살아가고 있습니다. 우리는 이 책이 침묵과 위선의 바다에 지혜의 파문이 되었으면 좋겠습니다. 이 책은 학교 현장에서 교사와 학생, 학부모들이 학교폭력 문제와 관련해 자주 범하는 오류를 짚고, 피상적으로 알고 있던 상식을 비판했기 때문에 학교폭력에 대한 기존 시각과 다른 많은 논쟁적인 내용을 담고 있습니다. 기존의 그릇된 질서에 파문을 일으키고 그 흔들림 속에서 학교폭력에 대한 올바른 시각을 갖게 하는 것, 그것이 우리 글쓰기의 또 하나의 목표였습니다.

또 이 책에는 "이것도 학교폭력 문제야?" 싶은 사례들도 많이 나옵니다. 하지만 읽다 보면 모든 문제 상황이 학교폭력과 깊은 관련을 맺고 별개로 존재하지 않는다는 사실을 알게 될 것입니다. 학교라는 공간을 매개로 만들어진 친구 관계와 교실 문화, 가정에서 보이는 모습까지 사소해 보이지만 학교폭력과 유기적인 관계를 맺고 있음을 적나라하게 보여 주고 있습니다. 그래서 완전히 다른 상황처럼 보이지만 궁극적으로는 다르지 않다는 것을 알려 주고 싶었습니다. 그러다 보니 학교폭력의 문제 상황은 다르더라도 원인이 같아서 응답이 동일해 보일 때도 많을 것입니다. 또한 상황을 아우르는 질문이 중구난방처럼 느껴질 수도 있을 것입니다. 하지만 우리는 학교폭력의 실체를 똑바로 볼 수 있게 고르고 골랐습니다. 학교폭력의 작동 원리를 드러내면서 뻔한 답변이 되지 않도록 수정을 반복했고, 거듭 사례를 교체하기도 했습니다. 이 책은 이렇게 탄생하게 되었습니다.

학교폭력은 유쾌한 주제가 못됩니다. 그래서 어쩌자는 것이냐, 아무리 해도 어쩔 수 없다는 패배감과 피로감에 빠지기 쉽습니다. 학교폭력 문제 해결에는 하나의 정답이 없습니다. 그래서 더욱 학교폭력의 실체를 정확하게 알아야 합니다. 《이 선생의 학교폭력 평정기》처럼 이 책 역시 독자 스스로 학교폭력에 대응할 수 있는 길을 찾아 가는 힘을 키워 줄 것입니다. 학교폭력 문제를 해결하기 위해서는 반드시 해결할 수 있다는 자신감과 용기 그리고 희망의 끈을 놓지 않는 자세가 중요합니다. 이 책은 학교폭력에 대한 잘못된 이해와 해결책으로 힘들어하는 교사와 학생, 학부모에게, 그리고 학교폭력 앞에서 어떻게 해야 할지 몰라 무기력하게 헤매는 사람들에게 희망과 용기를 불러일으킬 것입니다.

다시 한 번 따돌림사회연구모임 선생님들의 노고에 감사를 드립니다. 특히 백서윤 샘이 많은 내용을 채웠고 마지막까지 문장도 다듬었습니다. 백서윤 샘의 노고가 없었다면 아마 이 책은 나오지 못했을 것입니다.

2014년 2월
따돌림사회연구모임 선생님들을 대신하여
김경욱 씀

차례

2부
학부모의
목소리

3부
학생의
목소리

1부
교사의
목소리

01_
교사가 나름의 경험을 믿고
지도하면 되지 않을까요?

　교사 경력 20년째이고 그중 10년을 학생부와 상담실에서 보냈습니다. 그동안 수많은 아이들을 상담하며 크고 작은 사건들을 겪었습니다. 제가 학교폭력에 대해 느끼는 것은 예전보다 아이들이 훨씬 폭력적으로 변해 간다는 점입니다. 폭력이 갈수록 지능화되고 비열해진다고 할까요? 매스컴에서도 심각하게 다루지만 그건 빙산의 일각입니다. 실제로 담임을 해 보면 반 점쟁이 다 된다고, 아이들 얼굴만 봐도 어떤 일들이 벌어지고 있는지, 누가 센 놈이고 누가 당하는 녀석인지 대충 알 수 있어요. 센 아이들을 기선 제압하지 않으면 선생님마저 우습게 알기 때문에 약한 아이들에 대한 폭력도 막을 수 없습니다. 그래서 교사는 일반적으로 학교폭력 문제에 대해 강경한 입장을 가지고 아이들을 대해야 한다고 생각합니다.

　물론 이런 방법이 모든 교사들에게 다 맞지는 않겠지요. 교사들마다 성격도, 스타일도 다르니까요. 그래서 솔직히 잘 알려진 유명 선생님들이 말하는 학교폭력 예방책이라는 것은 별 의미 없다고 생각해요.

그저 교사 스스로 충분한 경험을 통해 자신에게 잘 맞는 방법들을 찾아 나가면 되지 않을까요?

교사의 경험에 체계적인 관점을 더해야 합니다

교사가 자기만의 스타일을 찾아 꾸준히 지도하는 것은 중요합니다. 그러나 여기서 짚어 볼 점은 선생님이 강조한 '경험'에 대한 부분입니다. 경험으로 많은 부분을 알 수도 있지만 그것만으로는 온전히 다 알 수 없습니다. 그래서 아이들은 "내가 해 봐서 아는데" 하는 말로 자기 경험을 일반화하면서 어설프게 가르치려 드는 어른을 경계하곤 합니다.

문제를 정확히 바라보기 위해서는 경험에 체계적인 관점을 더해야 합니다. 그래야 효과적인 개입도 가능하고 적절한 해결 방안도 찾을 수 있습니다. 그러므로 교사들은 경험으로 아는 것에 대해 확신하는 태도를 경계해야 합니다. 그것은 현상만 보고 본질을 안다고 착각하는 것과 같습니다. 누가 주로 괴롭히는 애인지, 괴롭힘 당하는 애인지 구분할 수 있다는 교사의 확신도 어떤 면에서는 내가 많이 겪어 봤기에 감으로 안다는 것입니다. 이런 감이 상황이나 분위기를 판단하는 데 필요할 수도 있겠지만 확신으로 쓰일 경우 독단이 될 수 있습니다. 학교폭력 상황은 우발적으로 일어나기보다 지속적인 인간관계 속에서 만들어지기 때문입니다. 학교폭력의 본질을 바로 보지 못할 때 우리의 개입은 경험 차원에 머무르게 되고, 효과적인 개입을 놓치게 되는 우를 범할 수 있습니다.

학급의 구조를 알고 교실을 평화적인 풍토로 바꿔야 합니다

교사가 센 아이에게 똑같이 맞대응하거나 아이의 기를 누르기 위해 처벌 위주의 억압적인 방법을 쓰면, 짧은 시간 폭력을 멈추게 할 수는 있지만 평화적인 해결로 이끌기에는 무리가 있습니다. 학급 운영을 교사 개인의 카리스마에 기대거나, 학급을 구조적으로 바라보지 않고 개별 상담이나 훈계에만 의지하는 접근 역시 그런 점에서 비슷한 한계를 지닙니다. 이렇듯 경험에 대한 확신은 문제를 해결하지 못하고 문제 자체에 문제가 있다는 식의 순환 논리에 빠질 우려가 있습니다. 강강한 태도로 기선 제압이 불가피하다는 선생님의 생각은 단순한 순환 논리일 뿐입니다.

우리는 경험으로 아는 것에서 한 걸음 더 나아가 학급 구성원들에게 어떤 욕망이 발생하는지, 그와 같은 욕망을 바탕으로 학생들 사이에 어떤 권력 구조가 만들어지는지, 어떤 전략과 전술을 사용하는지와 같은 집단의 구조를 파악하고 문화를 이해하는 데에 힘을 기울여야 합니다. 이것이 가능할 때 적극적이고 효과적인 개입도 기대할 수 있습니다. 학급 집단의 문화를 평화적으로 만들어 갈 수 있을 때만이 우리는 교실을 진정으로 알고 있다고 말할 수 있을 것입니다.

02_
따돌림 문제,
담임이 섣불리 나서지 않는 게 나은 것 같아요.

　학급에서 일어난 따돌림 문제만 생각하면 자괴감이 듭니다. 나름 노력하는데 현실은 아무것도 바뀌지 않아 절망스러워요. 아이들한테 관심도 많이 갖는 편이고, 상담도 자주 하는데 할 때뿐이고 뒤돌아서면 아이들은 여전히 같은 행동을 반복해요. 따돌림 당하는 아이들을 신경 쓰지만 저 혼자 껴안고 보호하는 데도 한계가 있어요, 마찬가지로 폭력적인 아이들도 조금만 신경 안 쓰면 여전히 똑같은 모습이고 좀처럼 변하지 않네요.

　차라리 관심을 안 두는 편이 더 좋을 것 같기도 해요. 애들 문제에 개입하면 할수록 안 좋은 평가만 따라와요. 동료 교사들도 한심하게 바라보는 눈치고, 애들은 불만만 토로하고, 말 안 통하는 학부모들도 힘들긴 매한가지예요. 따돌림 문제는 교사가 발로 뛴다고 해결되는 문제가 아닌 것 같아요. 한계와 장벽이 너무 많아요. 섣불리 나서는 것보다 개입하지 않는 편이 더 나은 것 같아요.

많이 힘들었을 거라고 생각합니다. 따돌림 문제를 피하지 않고 성의를 다해 노력한 선생님의 자세는 참으로 훌륭한데, 돌아오는 성과가 보잘것없고 자괴감만 주었다니 안타깝습니다. 결과에 실망하기보다 먼저 방향을 잘 설정했는지 살펴보면 어떨까 싶습니다.

선생님의 방식은 개별적 관계를 통한 개입으로 보입니다. 교사가 학생들과 친밀감과 신뢰감을 쌓아 가는 일은 매우 중요한 일입니다. 그런데 우리가 해결하려는 따돌림 문제는 개별적 관계로 풀 수 없는 복잡성을 지니고 있지요. 따돌림 문제의 구조적인 성격을 고려할 때 교사가 사건마다 개입하고 일대일로 부딪치는 방식은 쏟는 노력에 비해 만족스런 성과를 가져오기 어렵고 소모적인 싸움이 되기 마련입니다. 게다가 대부분 사건이 일어난 뒤에야 부랴부랴 문제를 해결하려는 방식으로 가기 쉽죠. 그러므로 학급 안에서 일어나는 폭력이나 따돌림 문제는 교사의 개별적 대응이 아닌 집단적인 방식으로 풀어야 합니다. 그래서 학기 초에 학생들과 함께 평화로운 학급을 설계하여 폭력과 갈등 문제를 사전에 예방하는 것이 중요합니다.

이런 관점에서 교사는 학급 집단의 문화를 바꾸는 문제로 시선을 넓힐 필요가 있습니다. 문화를 개선하고 바꾸는 것은 교사 혼자만의 구상이나 노력이 아닌 집단 전체의 구상과 실천이 전제되었을 때 가능하고요.

　물론 이와 같은 과정이 결코 쉽지는 않을 것입니다. 여전히 아이들은 교사의 마음처럼 따라 주지 않고, 갈등과 폭력도 계속해서 일어날지 모릅니다. 그런데 이때 교사가 단호히 경계해야 할 태도가 있습니다. "결국 모든 게 뻔하다", "따돌림은 운명이다"와 같은 결론을 내리는 것입니다. 교사의 태도는 결국 학급 집단의 생기에 큰 영향을 미치고, 더 나아가 이야기를 중단하는 사태를 가져오게 됩니다.

　학급도, 인생도 어찌 보면 하나의 이야기를 만들어 가는 것입니다. 이야기를 만든다는 것은 의미를 추구한다는 것이고, 학급 구성원들은 모두 평화의 이야기를 만들어 가고 싶은 욕구가 있습니다. 따라서 이야기가 상실된 학급은 교육의 장으로서 생명력을 잃어버린 상태일 수 있습니다. 그러므로 어떤 식으로든 노력을 계속해 나가는 것, 그 자체가 이야기를 만들어 가는 유일한 길임을 잊지 말아야 합니다. 교사는 당장에 성과가 나지 않더라도 좀 더 멀리 바라보면서 학급의 분위기를 응원하고, 집단 구성원을 지원해야 합니다. 교사 못지않게 아이들도 부단히 노력하고 있다는 사실을 기억하며, 아이들과의 연대감을 확인해 가는 것이 중요합니다.

　학교와 교사에 대한 뿌리 깊은 불신과 제도적인 불안전성으로 교사들 상황이 매우 열악한 게 현실입니다. 담임 혼자 떠안고 해결할 수 없는 문제들이 너무나 많기에 외부의 지원 시스템을 마련해야 합니다. 발생한 학교폭력 문제를 신속하게 처리할 수 있는 민감한 학교 구조,

담임교사가 손쓸 수 없는 학생들 문제를 지원해 주는 교육 복지 제도, 지역 사회와의 긴밀한 네트워크를 시급히 마련해야 합니다.

개입하지 않는 것도 개입임을 명심해야 합니다

교사의 역할이 이렇게 큰데도 현행법과 제도는 교사가 학교폭력 문제에 개입하기 어렵게 그 역할을 계속 축소하고 있습니다. 또한 설사 문제 상황을 발견해도 워낙 복잡해서 섣불리 개입했다가 상황이 더 악화되는 경우가 많기 때문에 차라리 개입하지 않는 게 낫다고 생각하는 경향이 있습니다. 많은 교사들이 무력감을 느끼는 것이지요.

그러나 애석하게도 교사가 개입하지 않는 것도 명백한 개입입니다. 그것도 교사의 의도와 상관없는 부정적인 방식의 개입이라는 것을 명심해야 합니다. 교사가 학교폭력에 단호히 대응하지 않고 방관하면 학생들도 닮아 갑니다. 개입하지 않고 알아도 모르는 척하는 태도는 학교폭력 피해자의 고통을 심화하고, 가해자의 폭력을 묵인하고 정당화합니다. 학생들이 아무에게도 도움을 요청하지 못하는 이유가 바로 여기에 있습니다. 모두가 입을 다물어 학교폭력을 더욱 부추기는 상황으로 몰아가는 것이지요. 여러모로 많은 제도적·정책적 변화가 필요하지만, 학교폭력으로 많은 학생들이 고통 받고 있는 상황에서 교사의 적극적인 개입이 요구되고 있습니다. 교사의 단호한 태도와 개입 의지는 생각보다 훨씬 더 커다란 힘을 발휘할 수 있습니다.

03_
사소한 다툼마저 학교폭력으로 여기고
너무 예민하게 반응합니다.

　요즘 따돌림이라는 말이 너무나 자연스럽게 아이들 입에 오르내리죠. 왕따니, 전따니 유행어가 되면서 너도나도 장난처럼 이 말을 씁니다. 그러면서 사소한 일도 따돌림이나 학교폭력이라고 단정 짓고, 사실처럼 부풀리는 것 같아요.

　친구 사이의 조그만 다툼에도 따돌림 당했다고 달려오는 아이들을 보면, 솔직히 별일도 아닌데 너무 소란을 피우는 게 아닌가 하는 생각이 들 때가 많습니다. 아이들 부모님도 마찬가지예요. 집에서 아이가 한 말만 믿고 다짜고짜 왜 내 아이가 왕따를 당하느냐, 선생님은 대체 뭘 하는 거냐며 따지는 학부모들이 있어요. 알아보면 결국 둘이서 티격태격한 일을 가지고 아이가 부모에게 자신이 유리한 쪽으로 전달한 경우가 거의 대다수죠. 제가 보기에는 그다지 심각하지 않은 상황인데, 예민하게 반응하는 경우에는 솔직히 좀 피곤하다는 생각마저 듭니다.

"별일도 아닌데"라는 말도 잔혹한 폭력이 됩니다

따돌림 문제는 굉장히 복잡한 심리 문제이기도 합니다. 눈앞에서 소동이 벌어지거나 상처를 입는 것처럼 확인할 수 있는 폭력은 어찌 보면 쉽습니다. 때로는 겉으로 드러난 폭력이 전혀 없는, 고요한 따돌림이 아이의 고립감을 최고조에 이르게 할 수 있습니다. 그러므로 학교폭력이나 따돌림 문제에서는 "어떤 것이 더 심각하다, 아니다"를 판가름하는 객관적인 기준이 없습니다. 법적인 판단, 다수 여론에 의한 판단, 교사의 판단, 의료적 판단 따위 기준들은 폭력 문제를 가름하는 데 늘 불충분합니다.

개개인의 성향과 살아온 환경이 다르기 때문에 똑같은 폭력 상황이라도 저마다 느끼는 고통의 깊이나 힘겨움은 다릅니다. 언론에서 전해져 오는 학생들 자살 소식을 들여다보면 아이들을 죽음으로까지 내몬 폭력의 이유야 각양각색이겠지만, 간혹 매우 사소한 이유가 원인이 된 경우가 있습니다. 그런 경우 사람들은 피해자의 나약한 자아나 병리적인 부분에서 원인을 찾곤 합니다. 하지만 자살은 누구에게나 일어날 수 있는 일이고, 때로는 당사자에게 끔찍한 현실에서 유일한 위안으로 느껴질 수도 있습니다. 그러므로 아이들의 관계 문제를 "사소하다", "별일 아니다" 하고 규정하는 것에 대해 조심스러워야 합니다. 판단 기준이 애매하고 복잡하지만 일단은 피해자가 느낀 마음의 상처나 감정에 귀 기울이고, 그것을 기준 삼아 문제의 심각성을 살피는 것이 우선입니다.

선생님 말씀처럼 유행어로 퍼지다 보니 우리 생활 속에서 '왕따', '전따', '스따', '은따' 따위 말들이 자주 등장하고, 계속해서 새로운 형태로 만들어지고 있습니다. 개그 프로그램 같은 데선 아예 따돌림 왕따 문제를 소재로 삼아 우스꽝스럽게 묘사하는 경우도 많고요. 이처럼 우리 사회가 '별일 아닌 것'으로 받아들이는 데서 발생하는 폐단이 심각할 수 있음을 생각해 봐야 합니다. 따돌림과 관련된 용어가 아무렇지 않게 쓰이면서 피해를 당하고도 둘레에 말하지 못하는 아이들이 생겨납니다. 어른들이나 친구들에게 사소한 문제로 받아들여지지 않을까, 굳이 말해서 더 확실한 피해자로 낙인찍히지 않을까, 하는 두려움과 걱정이 생겨나는 것이죠. 이 아이들은 자기 안으로 숨어들면서 점점 외로워하고, 아무도 자신을 도와줄 수 없다는 생각으로 자괴감에 빠지게 됩니다. 그래서 초기에 해결할 수 있는 많은 문제들이 심각해진 뒤에야 드러나고, 해결할 수 없는 지경에까지 이르는 경우가 왕왕 생겨나게 됩니다.

폭력의 일차적 기준은 상대방이 느끼는 감정입니다

이런 폐단을 극복하기 위해 교사는 아주 사소한 행동도 누군가에겐 심각한 폭력이 될 수 있고, 상대방이 느끼는 감정이 폭력의 일차적 기준임을 강조해야 합니다. 신체로든 언어로든 눈에 보이지 않아도 폭력은 다 같은 폭력임을 확실히 하고, 구성원과 함께 학급 약속을 만들고 실천해 나가는 것이 가장 효과적인 예방 활동이 될 수 있습니다. 학급은 다양한 아이들이 함께 생활하는 사회이자 공동체입니다. 어느 사회나 갈등이 존재하게 마련입니다. 아이들 사이에서 일어나는 갈등을 발전적으로 해결할 수 있는 시스템이 마련되어 있다면 아이들은 그 안에서 많은 것을 배울 수 있습니다. 교사는 학급 아이들 사이에 불필요한 갈등을 조장하는 시스템은 없는지 점검해 보고, 갈등이 있어났을 때 효과적으로 대처할 수 있는 시스템을 설계할 수 있어야 합니다. 더 나아가 아이들이 긍정적으로 의사소통할 수 있도록 프로그램을 제시하고, 다양하게 경험해 나갈 수 있도록 격려해야 합니다. 그러면 문제가 생길 때마다 교사에게 달려와 평정을 요구하는 아이들에게 자율성을 키워 주고 각자의 문제를 스스로 해결해 나갈 수 있는 힘을 줄 수 있을 것입니다.

04_
학교폭력 문제에서 예방이 중요한 건
알겠는데 시간이 없어요.

학교폭력 문제가 심각해질 때마다 교사들은 대체 뭐했냐고 책임을 묻습니다. 그동안 학생 지도를 안 해 온 것도 아닌데 뭔가 대단히 잘못했다는 식으로 몰아가는 언론과 사회 분위기에 현기증이 날 지경입니다.

교사가 하루를 어떻게 보내는지 살펴보세요. 화장실도 제때 못 갈 정도로 정신없이 살아갑니다. 교사가 학생들 가르치는 일만 한다고 생각하지만 담당 업무에 쏟아지는 공문, 중등은 0교시 보충수업, 야간 자율학습, 방과 후 학교까지……. 학생들에게 관심 가지고 상담할 시간이 턱없이 부족합니다. 학생들도 학원이다 뭐다 해서 바쁩니다. 학교폭력 예방 교육을 한다고 해도 엎드려 잠 보충하기 바쁜 상황입니다.

교육청에서 이런저런 학교폭력 관련 정책을 내려 보내도 일상은 크게 달라지지 않습니다. 학교폭력을 예방하고 해결하려면 시간이 많이 필요할 것 같습니다. 시간은 확보해 주지 않고 잘하라고 하는 건 현실적으로 불가능한 걸 가능하게 하라는 주문과 같습니다. 차라리 지금까지 해 왔던 대로 학교폭력은 전문적인 외부 단체가 맡고 교사들에게 부담을 안 줬으면 좋겠습니다.

학교폭력 문제에 대한 무기력과 두려움을 떨쳐 내야 합니다

밖에서 보는 것과 달리 선생님 말씀처럼 학교는 분주하게 돌아가지요. 교육부에서 학교폭력 문제 해결이 중요하다고 강조하면 할수록 선생님들은 아이들과 만나서 문제를 해결하는 게 아니라, 쏟아지는 공문을 처리하느라 더 바빠집니다. 현재 진행 중인 학교 업무를 그대로 유지시킨 채 잡무를 줄여 주지 않는다면 학교폭력 관련 업무는 선생님들에게 또 하나의 거추장스러운 일로 여겨질 뿐입니다.

그러나 폭력의 문제는 다른 어떤 업무보다 먼저 해결해야 할 중요한 일입니다. 그것은 학생들의 안전과 생명에 관계된 문제이기 때문입니다. 그런데도 학교폭력 해결을 가장 시급한 과제로 삼지 않는 현 교육 체제는 분명 문제가 있습니다. 그렇지만 교육 체제 전반이 바뀌지 않으면 학교폭력 문제를 해결할 수 없다는 논리는 피해야 합니다. 물론 섬세하게 개입하려면 시간도 많이 걸릴 테고, 하루빨리 제도적 여건을 개선할 필요도 있습니다. 하지만 제도 마련 이전에 교사들이 할 수 있는 것이라면 최소한이라도 실천해서 어떤 식으로든 현장에서부터 변화를 이루어야 할 것입니다.

교사들 스스로가 문제 해결에 대한 무기력이나 두려움을 떨쳐 낼 때 학생들이 신뢰를 갖고 교사에게 도움의 손을 내밀 것입니다. 교사들이 한 번 두 번 성공의 경험을 모아 가다 보면 생각했던 것보다 짧은 시간에 문제를 해결할 수 있는 방법들을 찾게 되고, 지혜를 쌓아 갈 수 있을 것입니다.

평화로운 학급 구조를 만드는 것이 중요합니다

선생님한테는 모든 문제를 혼자서 감당해야 하는 데서 오는 중압감도 있어 보입니다. 아무리 훌륭하고 부지런한 선생님이라도 혼자서 학교폭력을 다 막아 낼 수는 없습니다. 선생님 말씀처럼 아무리 피해자를 감싸고 돌보아 주어도 분명히 혼자서 다 감당할 수 없는 부분이 있습니다. 이런 접근은 훌륭하지만, 그 노력에 비해서 효과도 미미할뿐더러 접근이 잘못되었을 수도 있습니다.

학교폭력의 문제는 개인의 문제가 아니라 집단의 문제이고 구조의 문제입니다. 그래서 학교폭력을 해결하기 위해서는 평화로운 학급 구조를 만드는 것이 중요합니다. 학기 초에 평화로운 학급을 만들기 위한 학급 규칙을 함께 만든다거나, 학급에서 따돌림이나 학교폭력 문제에 주안점을 두는 학급자치위원회를 만드는 식으로요. 이것이 힘들게 느껴질 수도 있지만 문제가 발생한 뒤 그것을 처리하느라 드는 시간보다는 훨씬 건설적이고 효율적일 수 있습니다. 새 학기 학급 구성원이 충분한 대화와 소통을 통해 평화로운 학급 구조를 만들어 간다면, 일 년 내내 교사가 개입해야 할 상당수의 학생 간 갈등과 폭력 문제를 미리 예방할 수 있게 되어 전체적으로 볼 때 생활지도 시간을 단축할 수도 있습니다. 또한 학생들 스스로 문제를 해결하는 자치 능력을 기르는 것이므로 교육적이기도 합니다. 교사 대 학생이라는 일대 일의 관계로부터 교사 대 학급 집단이라는 관점으로 학급의 체계들을 설계하고, 그것을 돌보는 역할에 구성원 모두가 참여한다면 교사의 부담을 줄이면서 더 적극적인 예방도 가능할 것입니다.

학교폭력 예방과 생활 교육을 위해 충분한 시간을 보장해야 합니다

교사가 학교폭력 문제에 적극적으로 개입할 수 있게 충분한 시간을 보장해야 합니다. 교과교실제를 도입하는 학교가 늘어나면서 반 전체 아이들을 만나는 시간이 줄어들고, 심지어 아이가 학교에 왔는지, 오지 않았는지 파악조차 어려워집니다. 학급이 해체되기 때문에 학급 안에 일어나는 학교폭력이 없어진다고 생각할 수도 있겠지만, 학급이 해체된다는 것은 아이들이 마음을 둘 수 있는 학급 공동체가 해체된다는 뜻이기도 합니다. 실제로 교과교실제를 시행하면서 쉬는 시간 동안 센 아이들이 약한 아이들을 괴롭혀도 다음 시간에는 다른 교실로 가 버려서 그 가해자를 쉽게 찾을 수 없는 상황이 발생하고 있습니다.

제반 여건을 마련하지 않고 무조건 책임지고 감당하라는 것은 어불성설입니다. 교육과정 상 교과 교육에 가려진 생활 교육의 비중을 높이고, 담임이 학급과 함께할 수 있는 정식 수업 시수도 확보해야 합니다. 또한 담당 부서를 맡은 교사의 경우 수업 시수를 줄여 학교폭력을 책임 있게 전담할 수 있도록 지원해야 합니다. 그리고 교사들에게 필요한 실질적인 연수를 지원함으로써 시간 낭비를 줄이고, 충분한 연수 시간을 확보해야 할 것입니다.

05_
아이 문제로 부모님과 상담해 보면
판박이처럼 똑같습니다.

　애들 사이에 문제가 생기면 부모님과 상담합니다. 그러면 학교에 나와 주시는 부모님도 계시지만 많은 경우 보통 전화로 통화하죠. 다들 바쁘게 사시니 전화로 상담하는 것도 나쁘진 않습니다. 그런데 상담하다 보면 요즘 부모들 참 성의도 없고, 불친절하다는 생각이 듭니다. 그리고 매번 느끼는 것은 가해자든 피해자든 '그 부모의 그 자식'이라는 것입니다. 말이 안 통하는 애들, 무기력한 애들, 무례한 애들은 부모도 정말 신기할 정도로 판박이처럼 똑같습니다. 결국 아이 문제는 가정 문제라는 결론밖에 안 나오죠. 가정의 문제가 이렇게 뿌리 깊은데 학교는 너무 많은 한계를 가지고 학생들을 만나고 있다는 생각이 듭니다. 때로는 부모님도 아이를 힘겨워합니다. 부모님도 어떻게 못하는 아이를 학교에서 어떻게 하라는 것인지 난감합니다. 부모와의 소통이 어렵고, 비협조적인데 학생들의 생활 문제를 어떻게 일관성 있게 지도하고 변화시킬 수 있을지 모르겠습니다.

가정에서 비롯된 문제의 재생산 고리를 학교가
끊어 주어야 합니다

가정에서 부모는 아이들의 가치관과 생활 태도에 가장 큰 영향을 미치는 1차 집단입니다. 아이들은 정확하게 부모를 보고 배웁니다. 자연스럽게 부모가 가진 문제가 아이의 문제가 되곤 합니다. 굳이 부모와 아이 사이의 관계를 연구하는 학자가 아니더라도 살면서 경험으로 알 수 있는 부분입니다.

그런데 이렇게 따지다 보면, 문제가 있는 아이 부모에게도 그런 부모가 있을 것이고, 또 그 윗세대, 그 윗세대 하는 식으로 계속 올라가겠지요? 우리들 인생은 가정이란 환경 안에서 같은 각본으로 대물림되고, 재생산된다는 결론에 이르게 됩니다.

하지만 우리 스스로 이런 방식으로 수긍해 버리면 할 수 있는 게 없습니다. 아이들 삶도 마찬가지입니다. 가정에 문제가 있어서 아이가 변화할 수 없다는 것은 교육의 힘을 부정하고, 인간이 가진 능력을 매우 낮잡아 보는 태도입니다. 그러므로 교사가 학생의 문제를 집안이나 부모 탓으로 돌리고, 도무지 손쓸 방법이 없다고 말하는 것은 무책임한 논리가 될 수 있습니다. 어떤 식으로든 그 문제가 재생산되는 것을 막고, 대물림의 고리를 끊어 주어야 하는데 그곳이 학교가 아니라면 도대체 어디가 되어야 할지 답을 찾을 수 없기 때문입니다.

부모도 답을 모른 채 헤매고 있다면 어떻게 해야 할까요?

아이에게 문제가 생겼을 때 소통을 잘하는 부모를 만나기 어렵다고 했는데 그것은 어쩌면 당연한 일인지 모릅니다. 부모는 부모의 방식으로, 학교는 학교의 방식으로 소통하기 때문입니다. 이런 이해를 전제하지 않는다면 갈등은 자연스럽게 커지기 마련이죠. 집에서는 매우 얌전한 아이가 학교에서는 괄괄한 경우가 있습니다. 그리고 그 반대의 경우도 있고요. 아이들의 모습은 어떤 집단에 놓이느냐에 따라 굉장히 달라집니다. 부모는 "우리 애가 그럴 리 없다"고 말하곤 하는데 그것은 진실인 경우도 있고, 연기일 때도 있습니다. 두 경우 모두 부모들의 막막함을 말해 주고 있는 게 아닐까 싶습니다. 그러다 보니 부모는 아이와 관련된 문제에 대해 원인과 결과를 헷갈리고 정확한 관점으로 바라보지 못하곤 하는데 아무래도 그 모습이 교사의 눈엔 이상하게 보이고 비이성적으로 비춰질 수 있습니다.

교사는 상담 과정에서 벌어지는 이런 오해들을 곧잘 학부모들이 하는 일반적인 불신으로 여기며 넘어가 버리죠. 그러면서 "부모가 저러니까 애도 저러지"라고 생각하며 스스로를 정당화하고 학부모와의 상담을 중단하게 됩니다. 교사와 학부모 모두 적절한 대응 방법을 찾지 못한 채 대화가 끝나 버리는 것입니다.

교사는 대화나 경청 방법에 좀 더 신경 써서 아이 문제에 대해 객관적이고 전문적인 소견을 갖고 부모와 상담을 진행해야 합니다. 또한 상담이 오로지 아이를 이롭게 돕는 데 목적이 있음을 적극적으로 표현해야 합니다. 그리고 그 과정에서 학교가 아이들 문제를 더욱 심화시키고 있다는 비판적 시각도 놓지 말아야 합니다.

교사의 노력과 더불어 교육 복지도 확대되어야 합니다

　선생님의 어려운 사정 이야기를 들으면서 또 한편 말씀드리고 싶은 것이 있습니다. 선생님의 힘으로도 어찌해 볼 수 없는 영역이 있다는 것입니다. 그것은 선생님 노력이 부족해서가 아니고 학부모님이 변화하고자 하는 의지가 부족해서도 아니고 제도적·구조적 차원의 도움이 필요한 경우가 있다는 것입니다. 많은 교사들이 혼자 힘으로 어쩔 수 없는 문제들과 씨름하면서 자신이 해결할 수 없음에 죄책감을 느낍니다. 또 많은 부모님들이 해결의 의지는 있지만 어찌할 바를 몰라 괴로워합니다. 전문적인 심리 치료가 필요하고 경제적 지원이 필요한데 교사나 학부모의 노력으로는 안 되는 경우가 있습니다. 우리 사회에 교육 복지가 더 확대되어야 할 필요성이 있습니다. 가정의 문제가 대물림되지 않도록 정부는 교육 복지 차원에서 제도적인 보완책을 마련해 나가야 할 것입니다.

06_
왕따 당하는 애들도
문제가 있어 보여요.

저는 초등학교 6학년 담임을 맡고 있어요. 그런데 반에서 일어나는 따돌림 문제 때문에 정말 힘들어서 죽을 맛입니다. 우리 반에는 누가 봐도 딱 왕따인 아이들이 여러 명 있습니다. 따돌림을 당하고 외로움을 겪는 상황이 안쓰럽긴 하지만 그 아이들 모습을 보고 있노라면 답답할 따름입니다. 물론 따돌리는 아이들도 문제지만 제가 볼 땐 따돌림 당하는 애들도 문제가 많아요.

저희 반 애들 예를 잠깐 들자면요, A라는 남자애는 반에서 키가 작은 편에 속하는데 싸움도 잘 못하니 남자아이들 사이에서 인정을 못 받아요. 그러면 스스로 처지를 알고 좀 누그러질 필요도 있는데, 사사건건 불만을 표시하니 애들 사이에선 피곤한 존재일 뿐인 거죠. 또 B라는 여자아이도 마찬가지예요. 매사에 신경질적으로 반응하는데 누가 그런 모습을 좋아해 줄 수 있겠어요? 안 씻고 냄새 풍기는 아이들은 말할 것도 없어요. 교사인 제가 봐도 가까이 가고 싶질 않거든요. 좀 씻고 오라고 만날 이야기해도 개선의 여지가 전혀 없어요. 닭이 면

저인지 달걀이 먼저이지는 모르겠지만 제가 보기엔 왕따 당하는 애들이 왕따 당하는 문제를 고치지 않는 이상 문제가 해결될 리가 없어요. 저야 따돌리지 말고 사이좋게 놀라고 말은 하죠. 그런데 그게 말로 되는 게 아니지 않습니까?

조심스럽지 않은 교사의 충고는 또 다른 따돌림이 됩니다

그렇습니다. 대부분 사람들은 따돌림의 이유를 말합니다. 그런 불편한 점들만 고쳐 주면 따돌림 문제도 자연스럽게 해결될 것 같습니다. 그런데 이들이 개선의 여지가 없고, 따돌림의 이유를 고칠 의지를 보여 주지 않으면 여전히 답답할 뿐이죠. 이런 틀로 따돌림 문제를 바라보다 보면 결국 순환 논리에 빠지고, 개인 스스로 문제를 해결하지 못하면 집단은 영원히 개인의 문제를 떠안고 갈 수밖에 없다는 결론에 이르게 됩니다. 시간이 얼마나 걸릴 지 아무도 알 수 없습니다.

그렇다면 조금 다른 방식으로 이 문제를 바라보면 어떨까요? 따돌림 문제를 당사자의 문제로 한정 짓고 근접 관찰하던 것에서 집단의 문제로 멀리 떨어져서 보는 것입니다.

사람들은 따돌림의 이유가 명확하다고 말합니다. 그러나 그것은 반쪽의 진실일 뿐이지요. 아이들이 가진 약점은 고정불변한 것이 아니며 충분히 변화될 수 있는 가능성이 있습니다. 변화는 집단과 개인이 함께 노력할 때 가능합니다. 우리는 왕따 당하는 아이에게만 약점을 고치면 따돌림에서 벗어날 수 있을 거라고 충고합니다. 물론 충고를 통해 아이가 약점을 고친다면 눈에 띄는 변화가 생길 수도 있습니다. 그런데 이때 중요한 것은 교사와 아이 사이에 충분한 신뢰가 형성됐냐는 것입니다. 조심스럽게 접근하지 않는 충고 방식은 아이가 겪는 따돌림을 아이 몫으로 떠넘기고, 무책임한 논리로 비춰질 수 있습니다. 아이에게는 교사의 걱정과 충고가 또 다른 공격과 상처로 받아들여질 우려가 큽니다.

약점은 따돌림을 정당하게 여기도록 하는 수단입니다

따돌림 당하는 아이들이 가진 약점은 따돌림 문제가 해결되지 않을 때 더욱 부각되곤 합니다. 그러므로 관계로부터 치유되는 집단 과정 없이 개인이 약점을 고친다는 것은 어려울 수밖에 없습니다.

많은 아이들이 약점을 가지고 있습니다. 뚱뚱해서, 못생겨서, 피부 색깔 때문에, 말을 못해서, 공부를 못해서, 주장이 너무 강해서……. 그런데 꼭 이런 항목들이 누구에게나 따돌림의 이유로 발휘되는 건 아닙니다. 왕따들의 약점은 따돌림을 정당하게 여기도록 하는 수단으로 둘러지는 경우가 많다는 것이죠. 따라서 따돌림의 원인 분석을 개인의 약점 때문이라고 말하는 것보다 차라리 사회에 융화하는 방법을 배우지 못한 아이들의 관계 때문이라고 보는 것이 맞습니다. 그래서 그 관계 문제를 푸는 게 더 우선해야 할 일일 수 있습니다.

모든 아이들이 따돌림을 두려워합니다. 서로 따돌림 당하지 않으려고 무진 애를 씁니다. 하지만 그러면 그럴수록 관계 맺기에 미숙한 아이들이 왕따로 지목되게 마련입니다. 누구나 약점이 없는 사람은 없습니다. 약점 때문에 따돌림 당하는 것이 아니라 누구라도 어떤 약점을 이유로 따돌림 받을 수 있는 것이죠. 그러므로 중요한 것은 집단의 분위기가 따돌림을 허용하고 조장하는 문화냐 그렇지 않느냐입니다.

이렇듯 약점을 개선하려는 아이의 변화 의지와 집단의 노력을 함께 병행하고 상호 보완해 나가야 합니다. 이것은 개인을 향한 일방적인 지원이 아닌 따돌림을 예방하는 이로운 집단 활동임을 명심할 필요가 있습니다.

07_
교실에서 교사인 제가 왕따가 된 기분이에요. 애들이 왜 저를 만만하게 보죠?

저희 학교는 공부에 별 뜻이 없는 아이들이 주로 희망해서 입학하는 인문계 고등학교입니다. 그러다 보니 자연히 아이들 수업 태도도 나쁘고 교칙을 안 지키는 아이들도 많습니다. 상대적으로 교사에 대한 태도도 거친 편입니다. 매를 들고 다니며 무섭게 아이들을 다그치는 수업에서는 그나마 괜찮지만, 그렇지 않은 경우에는 수업 분위기가 걷잡을 수 없습니다. 수업 시간에 잠을 자거나 떠들어서 지적하면 미안해하거나 용서를 구하는 것이 아니라, 인상을 쓰며 반항하고 심지어 교사에게 욕을 하거나 수업에 빠지기도 합니다.

문제는 그런 태도를 보이는 아이들이 학급 아이들에게 오히려 인정받는 듯한 분위기라는 겁니다. 교실에 들어가면 교사인 제가 왕따가 된 듯한 기분이 들기도 합니다.

아이들이 반항적인 태도를 보이는 이유는 무엇일까요?

아이들이 교사에 대해 반항적인 태도를 보이면 교사 역시 분노하거나 감정적인 반응을 보이게 됩니다. 그러나 교사의 그런 태도는 상황을 악화시킬 뿐 문제 해결에는 별 도움이 되지 않습니다. 요즘 아이들이 다 문제가 있다거나 교사가 못나서 그렇다고 생각히면서 접근하면 이 문제에 대한 답을 찾기가 쉽지 않습니다. 한숨이나 한탄 이전에 아이가 그런 행동을 하는 이유가 무엇인지 생각해 보아야 합니다.

사람은 누구나 자신이 속한 사회에서 인정받고 싶은 욕구가 있습니다. 어른들이 직장에서 승진하려고 하고, 고급 승용차를 타고 싶어 하고, 명품 가방을 원하는 것, 이러한 것도 다 인정 욕구와 관련이 있습니다.

아이들도 마찬가지입니다. 부모님의 생각과는 달리 아이들은 공부나 성적과 같은 공식적인 영역 말고도 외모, 유머 감각, 취미 등으로 또래 관계에서 인정받는 것을 중요하게 생각합니다. 그런데 이때 인정해 주는 상대가 꼭 교사일 필요는 없습니다. 때로는 교사보다도 또래 집단의 인정이 더 큰 만족감을 주지요. 다시 말하면 수업 시간에 좋지 않은 태도를 보이거나 교사에 대해 반항적인 행동을 할 때, 학급 내에서 아이들로부터 인정받는다고 생각하는 것입니다. 아이들이 그런 행동을 하는 것은 교사에게 보여 주기 위해서라기보다는 학급의 아이들에게 "내가 이런 존재다" 하는 것을 과시하기 위해서일 수 있습니다. 이때 교사가 분노하고 감정적인 반응을 보이는 것이 바로 그런 행동을 하는 아이들이 원하는 바인 것입니다. 교사의 그런 반응은 아이들의 의도에 말려든 것입니다.

아이 의도를 꿰뚫어 보고 게임의 맥을 끊어야 합니다

먼저 아이의 의도가 무엇인지 알고 있음을 분명히 알립니다. 선생님이 "너 지금 센 척하는 거니?", "선생님을 떠 보는 거야?", "아이들 앞에서 센 아이로 보이고 싶구나"와 같이 반응하면 아이는 당황합니다. 이처럼 아이 의도에 말려들지 말고 그 상황의 맥을 끊는 것이 중요합니다. 그런 다음 그와 같은 행동을 중지할 것을 권유합니다. "습관적으로 그러는 건 알겠는데……", "친구들 앞에서 세게 보이고 싶은 건 알겠는데……", "선생님한테 반항하는 게 목적은 아니잖아" 같은 방식으로 차분히 잘 설득합니다.

교실에서의 상황을 정리하고 따로 대화를 나누며 국면을 전환할 필요도 있습니다. 교무실이나 학교 안 벤치에서 일대일로 대면하여 설득하면 아이의 태도는 많이 달라질 것입니다. 또 이를 지켜보는 아이들에게 전시효과도 거둘 수 있습니다.

아이가 욕설을 하는 등 정도가 심각할 때에는 냉정하게 처벌할 필요가 있습니다. 함께 싸워서 인격적인 상처를 받지 말고 객관적인 자세를 취하며 냉정하게 대처해야 합니다. 아이의 말과 행동을 그 자리에서 적어 두고, 목격한 아이들과 학생 본인에게 확인하는 등 증거를 작성해 두는 것도 도움이 됩니다. 그 과정에서 학생과 교사 모두 감정을 누그러뜨리고 객관적인 자세를 되찾을 수 있습니다.

학생인권조례가 제정된 뒤 교권 침해 문제가 또다시 사회적 이슈가 되고 있습니다. 학생의 권리를 보장하기 위해 교권이 침해될 수는 없는 것입니다. 이 둘은 시소의 양쪽 가장자리에 앉아 있는 관계가 아닙니다. 교사에게 권리가 있다는 것은 교사가 교육을 수행하는 데 필요한 교육권과 교육노동권을 가지고 있다는 뜻입니다. 학생들에게 인권이 있지만 또 한편으로 학생들은 교사의 교육권이나 교육노동권을 보장할 의무를 지닙니다. 이러한 인식을 바탕으로 교권 침해 사안의 경우에는 단호한 대처가 필요합니다. 심각한 사안의 경우 처리 과정에서 학생으로 하여금 공개 사과하도록 해야 하며, 공개 사과가 아니라면 교사의 상황 정리 발언을 통해 학급 내에서 서로의 권리에 대한 올바른 교육이 이루어질 수 있도록 해야 합니다.

교권 침해 사안에 대해서는 단호히 대응해야 합니다

앞에서 제가 학생들이 반항하는 이유 가운데 하나가 또래 집단으로부터의 인정 욕구 때문이라고 했습니다. 그런데 이렇게 설명 드린 이유는 학생들의 행동 메커니즘을 이해하라는 뜻이지 학생들의 잘못된 행동을 다 인정하고 받아들이라는 뜻은 아닙니다. 이러한 행동은 분명히 교권 침해 행동이기 때문입니다.

학교 현장에서 학생들의 교권 침해 행동에 대한 처리는 천차만별입니다. 교사의 훈계나 반성문 따위로 그냥 넘어가는 경우도 있고 출석 정지나 퇴학 등의 중징계를 받기도 합니다. 이런 차이가 생기는 이유는 무엇일까요? 학생들이 한 잘못된 행동의 경중에도 이유가 있지만 무엇보다 교사 개인의 문제라고 여기는 풍토 때문입니다. 교사가 못나서 애들한테 당한다는 인식은 교사 개인에게 수치로 남습니다. 그래서 제대로 원인을 살피고 해결 방안을 모색하기보다는 감정적으로 대처하거나 아무 일 없었다는 듯 쉬쉬하며 넘어가려고 합니다.

하지만 이것은 아이들 행동에 대한 잘못된 대응입니다. 교사가 학생들을 엄하고 무섭게 대할 필요는 없습니다. 그러나 학생들의 잘못된 행동에 대해서는 엄하게 가르칠 필요가 있습니다. 그것은 관계의 문제이기 때문입니다. 학생과 학생의 관계, 교사와 학생의 관계, 학교는 이러한 사회적 관계들을 배우는 곳이기도 합니다.

가정에서와 같은 무조건적이고 무한한 사랑이 능사는 아닙니다. 학교에서는 이러한 교권 침해의 문제는 제대로 처리할 일률적인 기준이 없으면서도 흡연, 머리 길이, 교복에 관해서만 엄하게 처벌합니다. 그렇다 보니 아이들은 어디에서도 자신의 잘못된 행동을 제대로 배울 수 없게 됩니다. 요즘 젊은이들이 개념이 없다고 욕할 것이 아니라 문제를 직시해야만 아이들에게 가르침을 줄 수 있습니다.

08_
상습적으로 폭력을 행사하는 아이,
진심으로 반성하지 않아요.

학급에 상습적으로 폭력을 쓰는 아이가 있습니다. 매일 매일 학급에 피해가 없는지 주의 깊게 살펴보는데 폭력이 줄지 않습니다. 일이 터질 때마다 조사하고 학부모를 소환하고 선도위원회에 회부하는 등 많이 노력해 봤지만 아이는 앞에서만 반성하는 척하며 그 순간만 모면하려 할 뿐, 폭력적인 행동에는 별다른 변화가 보이지 않습니다.

아이는 가정에서도 아버지와 형으로부터 늘 폭력에 노출되어 있고, 부모님과의 관계도 매우 좋지 않습니다. 부모도 거의 포기한 상태여서 담임으로서 지도하는 데에 한계를 느낍니다. 가장 큰 문제는 아이가 자신의 폭력적인 행동을 진심으로 반성하지 않는다는 것입니다. 친구들의 고통을 느끼지 못하고 자신의 행동이 왜 문제인지 생각하지 않습니다. 마지못해 잘못을 인정하고 다시는 하지 않겠다고 하지만 그때뿐이어서, 근본적인 해결이 이루어지지 않는 것 같습니다. 어떻게 해결해야 할지 도무지 감을 잡을 수가 없습니다. 담임인 제가 무엇을 할 수 있을까요?

왜 잘못을 인정하고 반성하지 않는지 생각해 봐야 합니다

상습적으로 폭력을 쓰는 아이라면 이미 학교에서 비슷한 상황에 처해 본 경험이 많이 있을 것입니다. 그렇다면 학생이 선생님보다 더 전문가일 수 있습니다. 아이는 자신의 폭력 뒤에 일어나게 될 일련의 처리 과정에 대해 이미 잘 알고 있습니다. 반성하지 않는 여러 가지 이유가 있을 수 있겠지만 생각해 볼 수 있는 것은 현재의 학교 현실에서는 가해 학생이 자신의 잘못을 인정하면 처벌을 피할 방법이 없다는 점입니다. 이런 경우 아이들은 거짓말을 해서 순간을 모면하거나 자신의 행동이 잘못된 것이 아님을 강조하며 합리화하는 모습을 보입니다.

그러나 이와는 반대로 깊이 생각해 보지 않고 말로만 쉽게 잘못을 인정하는 경우도 있습니다. 이것은 수없이 선생님들을 상대하면서 어떻게 해야 자신에게 유리할지 알고 취해야 할 처세를 익힌 경우입니다. 선생님들은 대부분 학생들이 잘못을 인정하고 반성하는 기색이 보이면 용서해 주곤 합니다. 자신에 대한 태도가 반항적이고 공격적이면 분노하고, 순응하고 호의적으로 나오면 쉽게 용서해 주는 것입니다. 따라서 야단을 많이 맞아 본 아이들 가운데는 실제로 반성하지 않더라도 반성하는 척하면서 위기 상황을 모면하고 자신을 보호하려는 모습을 보이는 경우가 있습니다.

물론 애초부터 도덕성 발달이 미약하고 양심이 발달하지 않은 아이도 있습니다. 상대의 고통을 짐작하지 못하고 감정이입하지 못하는 것입니다. 이런 학생의 경우에는 양심 회복 프로그램이 필요합니다. 자신의 행동이나 이로 인한 친구들의 고통을 차분하게 돌이켜 보는 기회를 주고 아이가 진심으로 느낄 수 있도록 기다려 줘야 합니다. 누구나 자신의 언행을 바꾸는 데에는 많은 노력과 시간이 필요하므로 이런 점을 감안하여 장기적으로 바라볼 필요가 있습니다.

말씀드렸듯이 대부분의 학교폭력 가해 학생은 학교폭력 피해의 경험을 가지고 있습니다. 또한 가정 안에서 충분한 애정과 인정을 받지 못하고 경제적 어려움을 겪거나 결손가정과 같은 문제를 가지고 있는 경우도 많습니다. 즉 가해 학생들도 처벌만 할 것이 아니라, 치료와 보호를 통한 교육이 필요한 아이들임을 알아야 합니다.

가해 학생들이 대는 자기 합리화의 이유

자기가 한 학교폭력을 반성하지 않거나 인정하지 않으려는 가해 학생들과 이야기하다 보면 그들 나름대로 여러 가지 자기 합리화의 이유를 가지고 있음을 발견하게 됩니다. 아이들이 대는 자기 합리화의 이유들은 대강 이런 것들입니다.

먼저 자기도 이미 구조화된 폭력의 희생자라는 것입니다. "때리지 않으면 제가 맞아요", "따돌림을 당하지 않기 위해서는 다른 아이를 따돌려야 해요", "저도 빼앗아야 상납할 수 있어요" 따위. 즉 자신이 이미 구조화된 폭력 안에 놓여 있다는 항변입니다. 이런 경우 학교폭력의 피해에서 벗어나 가해자가 된 것은 너 역시 폭력의 구조 속에 들어간 것이므로 그 구조 자체에 패배한 것이라는 현실을 인식할 수 있도록 도와주어야 합니다. 힘들고 두려웠던 피해 시절의 분노를 이해해 주는 가운데 '너도 똑같은 인간이 된 것'임을 알려 줌으로써 잘못된 인식을 바로잡아 주어야 합니다. 그리고 나아가 폭력의 고리를 끊고 폭력의 구조를 바꿔 나감으로써 폭력을 극복하는 것이 옳다는 인식을 할 수 있도록 도와야 합니다.

두 번째로 피해자의 문제를 들어 합리화하기도 합니다. "쟤가 짜증나게 하잖아요", "다른 애들도 다 쟤 싫어해요"와 같이 자신의 행동을 합리화하고 잘못을 피해자에게 교묘히 뒤집어씌웁니다. 자신이 잘못한 게 아니라 피해 학생이 잘못이라고 자신의 잘못을 전가해 버리는 것입니다. 누구에게나 단점이나 약점이 있습니다. 그렇다고 다른 사람을 괴롭히는 것이 정당화될 수는 없습니다. 그리고 많은 경우 어떤 이유가 있어서 싫다기보다는 누군가가 싫기 때문에 그러한 이유를 대는 것입니다. 이것이 대부분 따돌림 당하는 사람들이 아무 이유도 없이 그런 일을 당하는 이유입니다.

아이들이 쉽게 접하는 영화, 게임 등 대중매체들도 아이들이 죄의식을 느끼지 못하게 하는 데 일조합니다. 대중매체를 통해 폭력적인 상황들을 접함으로써 은연중에 그래도 된다는, 그리 큰 문제가 아니라는 인식을 갖게 되는 것입니다. 얼마 전 친구를 땅에 묻어 폭력을 행사했다는 보도에서도 아이들은 영화에서 보고 배웠다고 말하기도 했습니다.

폭력이 난무하는 대중매체와 사회 구조, 잘못된 인식 등 아이들이 반성할 수 없는 데에는 너무나도 많은 이유가 있습니다. 그런 합리화의 이유들을 들어주고 함께 이야기하는 가운데 그것이 갖는 문제점을 인식하도록 해야 합니다. 무엇이 옳은 것인지, 그른 것인지 함께 인식하고 대화를 풀어 나가는 것이 진정한 교육입니다.

진심어린 사과와 화해,
피해 학생과 가해 학생 모두를 위해 꼭 필요한 과정입니다

　몇 년 전 한 명문고 학생이 끊임없이 형과 비교하는 부모에 대한 분노를 쌓아 오다 부모를 살해한 사건이 있었습니다. 이유를 묻자 부모가 자신에게 사과하지 않아서 살해했다고 합니다. 사과와 화해를 하지 않았을 때 발생할 수 있는 극단적인 사례이기는 하지만 역설적으로 인정하고 반성하는 것이 피해 학생의 치유를 위해서 매우 중요한 과정임을 보여 주는 사건이기도 했습니다. 진정한 해결은 돈이나 처벌로 이루어지지 않고 가해자의 진심어린 사과와 그것을 통한 화해가 바탕이 되어야 가능합니다.

　또한 이 과정은 가해자를 위해서도 꼭 필요합니다. 처벌이 두려워 문제를 덮고 잘못을 제대로 처리하지 않고 넘어가면 가해 학생이 성인이 된 뒤에 엉뚱한 곳에서 문제가 발생하기도 합니다. 겉으로는 마무리된 것 같지만 마음속에는 여전히 죄책감이 남아 있었던 것이지요. 한때 학교폭력 가해자였던 사람이 학교를 졸업한 뒤 몇 년 후에 스스로 목숨을 끊었다는 이야기는 학교폭력 사건에 대한 철저한 심리적 부검이 얼마나 필요한지 보여 주는 사례입니다.

사과하는 방법도 매우 중요합니다. 피해자에게 악수를 강요하고 가해자에게 용서를 강요하는 사과는 옳지 않습니다. 말보다는 글로 정리하면서 천천히 자신의 잘못을 생각해 보게 하는 것도 좋은 방법입니다. 그리고 개별적인 사과보다는 공개적으로 진심이 묻어나는 사과문을 발표하는 것이 보다 효과적입니다. 교사와 학생 간의 신뢰를 회복하는 가운데 아이가 진심으로 느끼고 변화·발전할 수 있는 기회를 만들어 주는 것이 학교폭력에 대처하는 교사의 역할일 것입니다.

09_
언니 같고 누나 같은 선생님이 되고 싶은데,
반 분위기가 하루도 조용할 날이 없습니다.

3년차 여교사입니다. 평소 아이들에게 언니 같고 누나 같은 편안한 선생님이 되려고 노력했습니다. 아이들 위에서 군림하며 아이들을 억압하는 교사는 되고 싶지 않았거든요. 그런데 선배들은 제게 아이들을 그렇게 풀어 주면 안 된다, 학기 초에 꽉 잡아야 한다고 말씀하십니다. 처음엔 그런 충고가 귀에 들어오지 않았습니다. 안일한 생각이라는 판단에 반발심도 은근히 있었습니다.

그런데 시간이 지날수록 제 신념이 너무 이상적인 게 아닌가, 역시 선배들 말이 맞는 게 아닌가 하는 의심이 들어 혼란스럽습니다. 아침에 교실에 들어가도 아이들은 담임인 저를 본체만체합니다. 조회나 종례를 해도 듣는 둥 마는 둥 소란스럽습니다. 마이크를 쓰지 않고는 무엇 하나 전달하기가 어렵습니다. 학급에 왕따 아이가 두 명 있어 여러 방법을 써 봤지만 조금도 개선되지 않았고, 이 때문인지 아이들은 우리 반을 좋아하지 않는 것 같습니다. 산만한 아이, 의욕 없는 아이, 폭력적인 아이 들로 학급이 하루도 조용하고 편안한 날이 없습니다.

옆 반은 체육 선생님 반인데 모든 것이 일사분란하게 이루어집니다. 강압적이고 일방적인 담임선생님 방식에 대해 불만을 얘기하기도 하지만 숙제나 가정통신문은 하루 만에 모두 제출하고, 수업 태도도 좋으며, 교실은 늘 깨끗하게 정돈되어 있습니다. 무엇보다 우리 반 같은 사건 사고가 일어나지 않습니다.

요즘 제 교육관이 흔들리고 있음을 느낍니다. 우리 반의 문제를 어떻게 해결할 수 있을까요? 아이들을 꽉 잡는 교사, 강압적인 교사가 되는 것만이 해결책일까요?

강압적인 선생님 학급에 문제가 없어진 것은 아닙니다

고민이 많으시겠네요. 많은 선생님들이 아이들에게 좋은 선생님이 되고 싶다는 포부를 가지고 교직 생활을 시작합니다. 그런데 웬일인지 교직 생활을 하는 과정에서 처음의 다짐 때문에 오히려 상처를 받곤 합니다. 그리고 선생님 말씀대로 강압적인 방식의 선생님 학급이 곁에서 보기에 더 문제가 없고 평화로워 보일 수 있습니다. 그래서 나도 저런 방법을 택해야 하는 게 아닌가 하고 고민합니다.

그러나 선생님, 눈에 보이는 게 모두 다 진실은 아닙니다. 어찌 보면 강압적인 교사는 학급의 권력 구도에서 본인이 최강자일 수 있습니다. 때로는 전지전능한 심판자가 되어 아이들을 조종하고, 스스로 가장 공정한 의견을 제시한다고 여기며 아이들 의견을 잘 받아들이지 않습니다. 엄격한 카리스마로 모든 문제를 해결한다고 생각하지만 실제는 그렇지 않습니다. 힘이나 협박으로 교사가 개입하는 것은 또 다른 폭력일 뿐입니다. 일시적인 해결로 보이는 것일 뿐 진짜 문제는 그 안에 숨겨져 있습니다.

학교폭력 문제의 관점에서 보았을 때, 이러한 교사의 태도가 문제가 될 수 있는 것은 강압적인 교사 밑에서 아이들은 본성을 잘 드러내지 않기 때문입니다. 따돌림이나 폭력의 피해를 당하고 있는 학생이 있어도 보호받지 못하고 위축될 수 있으며, 문제가 수면 위로 떠오르지 않을 가능성이 더 큽니다. 교사가 볼 수 없는 곳에서 문제는 계속 진행되고, 이는 부메랑처럼 나중에 더 큰 문제로 돌아오게 마련입니다.

또 무엇보다도 문제가 될 수 있는 것은 교사가 폭력이 정당화될 수 있음을 직접 보여 주고 있다는 점입니다. 말로만 아이들에게 잘 지내라고 하고 자신은 아이들에게 폭력을 행사한다면, 그것이 제대로 된 교육은 아니지요. 이 세상에 맞아도 되거나 무시 받아도 되는 사람은 없습니다.

그런데 선생님께서 이런 저런 이유를 대면서 학생들에게 폭력을 행사하는 것을 정당화한다면 그것을 보는 아이들 역시 교실에 있는 약자에게 똑같은 방법으로 잔인함을 행사할 것입니다. 눈앞에 보이지 않는다고 문제를 인식하지 못하거나, 학교폭력 문제 해결에 무관심하거나, 더 큰 힘으로 누름으로써 해결하려고 하는 태도는 문제 해결의 올바른 태도가 아닙니다.

개인적인 카리스마가 아닌 합리적 권위가 필요한 시대입니다

교사의 체벌을 '사랑의 매'로 인정하던 때도 있었습니다. 그러나 이제는 교사들도 시대착오적 발상에서 벗어나 방법 전환이 필요한 시기입니다. 단순히 학생인권조례가 제정되었기 때문이 아니라 억압적이고 폭력적인 방법은 절대로 정당화될 수 없다는 것을, 폭력이 아무리 효과적이라고 해도 그것이 더 이상 교사들이 선택할 수 있는 방법이 되어서는 안 된다는 것을 의미합니다.

그런데 일부에서는 이런 흐름 때문에 교권이 약화되었다고 말합니다. 그러나 교사의 체벌권이 없다고 해서 교권이 추락하는 것은 아닙니다. 다시 말해 교권과 체벌권은 동의어가 아닙니다. 그러나 교권과 체벌권을 동의어로 생각하고 있었던 선생님들은 이제는 아무것도 할 수 없다고 말합니다. 교사에게 체벌권이 없기 때문에 아이들이 교사들을 우습게 본다고 말합니다. 교사의 권위는 매에서만 나올 수 있는 걸까요? 아닙니다. 이제 개인적인 카리스마를 부러워할 것이 아니라 합리적 권위를 갖추어야 할 때입니다. 생활지도에 있어 합리적 권위란 정해진 원칙을 잘 지키는 것입니다. 함께 규칙을 만들고 그 규칙을 지키지 않았을 때는 냉철한 결정을 내릴 줄 아는 것도 합리적 권위의 한 요소입니다. 가정과 달리 학교는 무조건적이고 무한정한 사랑을 베푸는 곳이 아닙니다. 아이들은 학교에서 어른이 되어 사회를 살아가는 데에 필요한 권리와 의무를 함께 배우게 됩니다. 다만 엄한 성격이 필요한 것이 아니라, 규칙에 있어서 엄한 선생님이 되어야 합니다.

교사와 학생의 권리는 다른 한쪽의 희생을 통해서 이루어지는 게 아닙니다. 학생과 교사의 권리 둘 다 중요하며 서로 침해할 수 없는 소중한 것이라는 것을 함께 인식해 나가야 합니다. 학교는 교육 활동이 이루어지는 공간이며, 공동체 생활을 하는 곳이기 때문에 개인의 자유가 모두 보장될 수는 없습니다. 평화로운 학교생활을 하기 위해서는 서로가 함께 지켜 나가야 하는 부분이 있을 것입니다.

서울의 한 고등학교에서는 이를 위해 학생, 교사, 학부모 세 주체가 참여하여 생활 협약을 만들고 각자의 규범을 정하여 상호 견제와 균형을 도모하고 있다고 합니다. 교사들도 새로운 시대에 맞게 합리적인 권위를 갖기 위해 노력해야 합니다. 또한 전문성을 높이고 인격을 도야해 학생들로부터 사랑과 존경을 받아야 할 것입니다.

학기 초에 꽉 잡아야 한다?

학기 초는 아이들에게나 교사에게나 모두 중요한 시기입니다. 모두들 긴장과 기대감을 함께 가지고 있고, 새로운 마음가짐으로 새로운 시작을 하고 싶어 합니다. 서로에 대해 탐색하는 시기이기도 합니다. 중요한 것은 교사와 학생, 모든 학급의 구성원이 서로의 생각을 합의해 내는 것입니다. 어떠한 학급을 만들 것인가? 무엇을 지양하고 무엇을 지향할 것인가? 그래서 어떠한 규칙을 만들어 갈 것인가? 어떤 대표를 뽑을 것인가? 교사의 카리스마로 아이들을 누르는 것이 아니라 함께 평화로운 학급을 만들겠다는 목표를 세워 나가야 합니다. 학기 초는 그런 의미에서 매우 중요합니다.

평화 규칙이 존재하는 학급이 진정으로 편안한 학급입니다

언니 같고 누나 같은 편안한 선생님이 되고 싶은 마음과 달리 진심이 통하지 않아 선생님은 괴롭다고 했습니다. 그렇다면 마음처럼 학급 규율이 잡히지 않는 이유는 무엇일까요? 아이들 의견을 존중하고 수렴하는 것과 아이들의 모든 생각과 행동을 수용하는 것은 다릅니다. 아이들은 선생님마다 어느 선까지 허용하는지 금세 파악하고 그에 따라 행동합니다.

먼저 선생님 학급에 어떤 가이드라인이 존재하는지 점검해 보시기 바랍니다. 아이들은 합리적인 가이드라인이 마련되면 언제든지 공감하고 함께 지켜 낼 수 있는 능력도 가지고 있습니다. 무엇이 되고 안 되는지는 누구보다 아이들이 잘 알고 있습니다. 학급에서 모두가 행복해지려면 어떤 규칙이 만들어져야 할지 아이들과 함께 논의해 보세요. 그리고 그 규칙이 엄격하게 적용될 수 있게 원칙에 따라 일관된 태도를 보여 주세요. 실효성 있는 평화 규칙이 존재하는 학급이 진정으로 편안한 학급입니다. 힘이나 강압이 아니더라도 편안함을 주는 가운데 아이들을 잘 이끌어 갈 수 있는 방법을 고민해 보시기 바랍니다. 교사가 아이들 의견을 존중하고 수렴해 함께 논의해 나가는 모습을 보일

때 아이들은 교사를 더욱 신뢰하고, 교사는 합리적인 카리스마를 갖게
될 것입니다.

10_
학기 초만 되면 아이들은
왜 그렇게 싸워 댈까요?

안녕하세요? 고등학교 1학년 담임을 맡고 있는 교사입니다. 3월은 기강을 잡느라 늘 힘든 시기이긴 하지만, 올해는 특히 힘이 듭니다. 가장 힘든 것이 남학생들의 폭력 사건입니다. 재수 없게 쳐다본다고 주먹을 날려서 앞니가 부러진 경우도 있었고, 그냥 앞에 있다는 어이없는 이유로 얼굴을 때려서 코뼈가 부러지는 사건도 있었습니다. 사고는 순식간에 일어나서 말리고 할 틈도 없이, 늘 사고 뒤치다꺼리로 부모님을 소환하고 여러 가지로 바쁘게 됩니다.

생각해 보니 학기 초에는 항상 이렇게 다툼이 많았던 것 같습니다. 서로 다른 학교, 또는 다른 반에서 모였으니까 서로 잘 모르는 건 당연할 텐데, 꼭 이렇게 싸움으로 한 학기를 시작해야 하는 건지 아이들의 심리를 잘 모르겠습니다. 요즘에는 학교폭력특별법 등으로 학교폭력에 대해서도 처리가 엄격한데, 화가 나면 앞뒤 분간 못하고 순간적으로 폭발할 수밖에 없는 것이 아이들의 생리인가요?

아이들 행동은 우발적인 게 아닐 수도 있습니다

학기 초에 많이 힘드셨군요? 학기 초는 기본적인 학생 파악, 학급 운영의 틀 만들기 등으로 교사에게도 힘든 시기이지만 아이들에게도 적응을 하느라 굉장히 힘든 시간입니다. 학기 초 큰 사건들 때문에 뒤치다꺼리하느라 힘든 선생님께 잔인한 말처럼 들리겠지만 이게 다가 아니랍니다. 선생님이 본 것은 빙산의 일각에 지나지 않고 그 뒤에 숨겨진, 아이들에게 실제로 일어난 사건들은 훨씬 더 크고 다양할 것이란 걸 말씀드리고 싶네요.

청소년기를 '질풍노도의 시기'라고 한 어느 작가 때문에 사람들은 청소년들의 심리 상태를 참을성 없음, 분노, 순간적인 폭발 등 안정되지 않고 종잡을 수 없는 것으로 이해합니다. 학교폭력 사건도 순간적인 분노 조절 실패 때문에 일어나는 우발적인 것으로 봅니다.

그러나 아이들의 행동이 그렇게 충동적인 게 아닐 수도 있습니다. 아이들이 서로 안 좋은 감정이 쌓이고, 점점 더 쌓이는 과정에서 저 아이를 손봐줘야겠다고 느끼는 전 단계가 존재했을 수도 있다는 말입니다. 그렇다면 이것은 충동적이고 우발적인 사고가 아니라 계획적이고 의도적인 사건이 되는 거죠. 학교폭력 사건을 우발적인 사고로 본다면 일단 사건의 책임을 미성숙한 아이 탓으로 돌릴 수 있고, 교사 또한 손쓸 수 없었다는 변명이 가능하니 어른들이 죄책감에서 벗어날 수는 있습니다. 아이들은 확실히 어른에 비해서 종잡을 수 없고 무분별하게 느껴지기도 합니다. 그러나 큰 폭력 사건에 원인이 없다는 것은 말이 되지 않습니다. 그러므로 사건 처리를 위한 협의도 중요하지만 무엇 때문에 사건이 일어났는지 인과관계를 잘 살펴보는 것이 무엇보다 중요합니다.

권력의 통합과 재분배 과정

선생님 말씀처럼 지금의 사회 분위기가 학교폭력에 대해 관대한 것도 아닌데, 학생 간 폭력은 점점 더 심해지는 것 같습니다. 아이들은 싸움을 통해 무엇을 얻으려고 하는 걸까요? 단순한 감정 해소가 전부일까요?

선생님도 지적하셨듯이 학기 초에 학교폭력이 많이 일어나는 것은 아이들 안에서 권력의 재분배가 일어나고 있기 때문입니다. 다른 반, 다른 학교에서 온 아이에 대해 들리는 소문만으로는 쉽사리 순위가 결정되지 않습니다. 그 정보를 바탕으로 서로 겨뤄 본 뒤에야 아이들끼리 서열을 정하게 되는 거죠. 이 권력 다툼에서 싸움은 꼭 최상위층에서만 일어나지 않습니다. 권력의 재편성이 필요한 곳이라면 언제든지, 어느 서열이든지 일어날 수 있습니다. 학기 초의 서열이 1년, 또는 3년을 가기 때문에 이 시기에 아이들은 필사적으로 자신의 우위를 위해서 노력하지 않으면 안 되는 것이지요. 또 비슷한 서열 내에서의 순위 다툼뿐 아니라 때로는 자기 세력을 과시하기 위해서라도 아주 차이 나는 아이들을 때리기도 합니다.

폭력 사건이 없다는 것이 곧 평화를 의미하지는 않습니다

3월에 특히 아이들 폭력 사건이 많이 일어난다고 했는데 그럼 그 시기 말고는 평안할까요? 선생님들은 치고 박고하는 싸움이 일어나지 않으면 그것이 곧 평화라고 착각하기 쉽습니다. 그러나 폭력 사건이 일어나지 않는다고 해서 아이들이 평화로운 것은 아닙니다. 싸움 뒤에 찾아오는 평화는 안정된 위계 구조의 정착을 의미합니다. 어떤 의미에서는 학급 안의 잦은 싸움을 아이들 사이에 평등이 존재하고 있다는 의미로 읽으셔야 할 것입니다. 그 과정에서는 적어도 누가 강자이고, 약자인지 하는 이분법도 없고, 패배감도 없을 테니까요. 싸움을 찬미하는 것이 아니라, 전쟁이 없는 상태에 대해서 너무 안일한 해석을 삼가야 한다는 것입니다. 그 전쟁 없음의 상태가 질적으로 어떤 고요함인지 따져볼 필요가 있습니다. 이렇게 말씀드리면 아이들이 싸울 때도, 조용할 때도 언제나 편할 날 없이 항시 지켜봐야 하는 거냐고 물으실 것 같습니다. 그렇습니다. 어느 종교에서나 깨어 있으라고 하듯이 선생님은 아이들에 대해서 언제나 깨어 있는 상태로 잘 살펴보지 않으면 안 됩니다.

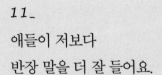

11_
애들이 저보다
반장 말을 더 잘 들어요.

　남자 중학교에서 담임을 맡고 있는 여교사입니다. 저희 반에는 '엄석대' 같은 아이가 있어요. 키도 크고, 공부도 잘하고, 운동도 잘하고 게다가 반에서는 반장이에요. 소설에서 볼 법한 일이 저희 반에서 일어나고 있으니 놀라울 뿐입니다.

　일단 아이들이 "조용히 하라"는 제 말보다 반장 말을 더 잘 들어요. 그럴 때는 교사로서 정말 비참하다는 생각이 듭니다. 그 애를 따르는 아이들 무리는 공공연하게 "선생님, 반장 시켜요. 애들이 선생님 말보다 반장 말을 더 잘 듣는 거 같아요" 하고 말합니다. 그런데 문제는 저희 반이 따돌림이 심하다는 거예요. 힘센 애들과 약한 애들로 이원화된 것 같아요. 그 애가 주도하는 것 같긴 한데, 어떻게 개입해야 할지 모르겠어요. 폭력 사건도 일어나고 있는데 번번이 일어날 때마다 뒤치다꺼리하느라 바쁠 뿐 제대로 하고 있다는 생각이 안 들어요.

　그 애를 이용하고 붙들자니 옳은 것 같지도 않고 제가 너무 비참하기도 하고, 그 애를 내치자니 아이들 전체가 제게 등 돌릴 것 같다는 생각에 이러지도 저러지도 못하고 있습니다. 어떻게 하면 좋을까요?

학급의 권력 구조 안에서 반장을 경쟁자로 인식하는 건
아닌지요?

무척 마음고생이 심할 거라는 생각이 듭니다. 그렇지만 그 아이들
은 아직 어리고, 그래서 가능성이 있다는 사실을 명심하세요. 또 무엇
보다도 선생님은 그 전체의 틀을 바라볼 수 있는 사람이라는 점도 잊
지 말아야 합니다.

먼저 선생님 스스로 문제의식 아래에 깔려 있는 생각을 다시 한
번 점검해 봤으면 합니다. 혹시 지금 학급에서 권력을 잡고 싶은데 다
른 경쟁자로 인해 아이들이 잘 잡히지 않는다고 생각하고 있는 건 아
닌지요? 즉 반장을 경쟁자로 인식하고 그 아이 대신에 그 자리를 차지
하고 싶은 건 아닌지 한 번 생각해 보셨으면 합니다. 만약 실제 이런
상황이라고 해도 선생님들은 자신의 입장을 인정하는 게 쉽지 않을
거라 생각합니다.

저는 선생님의 고민이 다음 단계로 넘어가야 한다고 생각합니다.
애들이 나보다 반장 말을 더 잘 들어서 화가 난다가 아니라 학급 자체
가 민주적인 구조가 아니어서 선생님의 바람직한 가치관이 통하지 않
고, 아이들이 민주적인 삶의 방식을 경험할 수 없기 때문에 선생님이
고민하는 것이었으면 좋겠습니다.

학급의 권력 구조를 깨십시오

선생님 질문의 시작은 아이들이 선생님 말보다 반장 말을 더 잘 듣는 데서 오는 것 같았는데, 뒷부분에서 보면 반 자체가 폭력적인 구조이고 그것을 반장이 만들어 내고 있다고 생각하는 것 같습니다. 맞나요?

선생님 반에는 이미 약자와 강자의 구조가 굳어져 있다고 했는데, 여기서 강자로 자리매김한 학생들은 여러 가지 상황에서 유리한 자리를 선점한 아이들일 것 같습니다. 아이들 사이에서 일단 강자로 인정받게 되면 학교생활에서 유리한 점이 많습니다. 급식을 받을 때나, 청소할 때, 선생님의 관리가 미치지 않고 아이들에게 재량권이 있는 기타의 다른 생활 영역에서 자신들이 원하는 방식으로 생활할 수 있겠지요. 그리고 그 영역에서 구시대의 황제처럼 권력을 계속해서 남용하려고 들겠지요.

일단 그 권력 구조를 깨는 일이 필요합니다. 그런데 사회에서도 기득권을 가진 사람들이 쉽게 권력을 포기하지 않듯이 이게 쉽지 않습니다. 역사에서도 기득권층이 스스로 권력을 포기한 예는 없었습니다. 그러면 이 권력 구조를 깨는 첫 번째 단계는 무엇이어야 할까요? 먼저 문제 상황을 폭로해야 합니다. 선생님이 굳이 나서서 강자로 자리매김한 아이들을 나쁜 아이로 몰아갈 필요는 없습니다. 다시 말해 그 아이들의 의도를 비난할 필요가 없다는 말씀입니다. 그러면 그 아이들은 그럴 생각이 없었다고 자기변명만 계속 늘어놓을 것이고, 선생님이 자신들을 나쁘게 본다며 부모에게 하소연할 것입니다. "너는 이러이런 생각으로 그렇게 한 거지?" 하고 의도를 되물을 필요도 없습니다. 다만 지금 드러나는 문제 상황을 그대로 공개하십시오. 반 아이들 모두뿐 아니라 학부모에게도 알려야 합니다. 그러면 의도를 굳이 추궁하지 않더라도 그것이 충분히 문제 상황이라는 것에 모두들 공감할 것입니다.

모두가 피해자라는 사실을 인식해야 합니다

그리고 모두가 피해자라는 사실에 공감해야 합니다. 이것은 이미 권력의 단맛을 익힌 아이들에게는 어려운 일입니다. 늘 어울려 다니는 소수의 강자 그룹들이 있어서 굳이 반 전체 아이들과 소통하지 않아도 된다고 생각합니다. 가해자 그룹은 그 집단을 유지하기 위해 에너지가 필요합니다. 끊임없이 강자임을 보여 줘야 하기 때문입니다. 그래서 학기 초에는 더 많은 위세를 떨어야 할 필요가 있습니다. 그 구조가 굳어지면 상대적으로 적은 힘으로도 약한 친구들을 제압할 수 있습니다.

그렇다 할지라도 가해자 그룹 역시 넓은 의미에서 피해자라는 사실을 알아야 합니다. 이 아이들은 이런 가식적인 힘을 보여 주는 데에 에너지를 쏟느라 친구를 사귀는 진짜 방법을 배우지 못했습니다. 《우리들의 일그러진 영웅》에서 엄석대도 그랬지만 실제 생활에서도 그러한 방법으로 타인을 장악하려는 사람은 끝이 그리 좋지 못했습니다. 실제이든, 허구이든 권력자의 종말이 어떠한지 보여 줄 필요가 있습니다. 권력을 선택하고 말고는 그 아이들의 권한이 아닙니다. 그리고 그 아이들이 선택하지 않는다 하더라도 어쩔 수 없이 권력을 포기하게 만드는 환경을 만들어야 합니다.

학급의 권력이 집중되지 않은 구조를 만드십시오

그것은 바로 학급의 권력이 한 사람이나 집단에 집중되지 않은 구조입니다. 선생님 반과 같은 상황은 한 아이의 지배욕과 더불어 권력 분배가 제대로 이루어지지 않아서 발생한 문제이기도 합니다. 아이들 모두에게 역할이 공평하게 나눠져 있는지 점검하십시오. 선생님 혼자가 아닌 학급 구성원 모두가 함께해야 합니다. 그래서 그 아이와 선생님이 일대일로 대치하는 상황이 아닌 민주와 비민주, 평화와 폭력, 평등과 독재가 대치하는 상황으로 인식해야 합니다. 자기 역할을 잘 해낸 학생들에게는 그만큼의 보상이, 그렇지 않은 학생들에게는 그에 맞는 보상이 주어져야 합니다.

고대 그리스의 아테네는 독재 정치를 막기 위해 도편추방제라는 제도를 도입했다고 하죠? 비밀투표로 위험인물을 10년간 국외로 추방시켰다는 이 제도처럼 학급의 권력을 점검하는 제도가 선생님 반에도 필요할 것 같습니다. 다만 한 아이를 교실 밖으로 내모는 것이 목적이 아닌 전체 구성원이 함께 학급 내 권력 구조를 반성하고 이후의 학급 계획을 다시 세우는 데 활용해야겠지요.

　한 달에 한 번이나 중간고사나 기말고사 뒤에 설문지를 만들어 다 함께 이야기해 보는 것도 좋아요. 설문지 내용에는 "우리 반에서 1인 1역할을 가장 잘 하고 있는 사람은?" 같은 질문뿐만 아니라, "수업 태도가 가장 좋은 사람, 가장 재미있는 사람, 가장 비난(욕쟁이)을 잘하는 사람 세 사람 적기" 등 긍정적이고 부정적인 항목을 적절히 섞어서 설문지를 만들고 학생들에게 답하게 한 다음 결과를 같이 이야기해 보세요. 이런 시간을 가지는 것만으로도 학급의 권력 구조를 선생님께서 파악하고 아이들이 반성할 수 있는 계기가 될 수 있어요.

바람직한 반장을 만들어 내는 것도 중요합니다

　지금까지 반장은 권력을 독점해서는 안 된다고 이야기한 것 같습니다. 그렇다면 반장은 무엇을 해야 할까요? 반장 역할을 아이에게 충분히 가르쳐 주지 않은 건 아닐까요?

　많은 선생님들이 반장에게 유인물을 걷게 하거나 청소를 감독하게 합니다. 반장이 이렇게 교사의 심부름꾼이나 하수인 역할을 하는 게 맞는 것일까요? 유인물을 걷는 일이야 반장이 아닌 학급 구성원 누구라도 할 수 있고, 청소 감독은 교사가 해야 하는 일입니다. 그런 것들로 아이들 사이에 권력의 층위를 만들지 말아야 합니다. 반장은 학급의 대표라는 기본적인 역할을 넘어 학급의 단합을 위해 노력해야 하는 사람입니다. 화목과 단합이라는 학급 목표를 향해 나아갈 때, 반장은 때로는 학생과 교사의 징검다리, 때로는 교사의 협력자로서 역할을 해야 합니다.

이러한 교사의 생각은 학년 초기에 학급 급훈, 학급 규칙을 만들 때부터 반장을 어떻게 뽑을 지에 대한 구상이 그대로 드러나야 합니다. 교사의 철학이 잘 반영된 반장 선거는 훌륭한 재목감을 반장으로 뽑는 계기일 뿐 아니라 그 자체로도 좋은 교육 과정이 됩니다. 선생님 생각과 다르게, 때로는 반장 아이가 제대로 몰라서 본능적으로 행동할 수도 있습니다. 문제점을 잘 짚어 주시고, 변화의 계기를 마련해 주세요. 훌륭한 반장은 그 자체로 생겨나는 경우도 더러 있지만, 훌륭한 선생님 아래에서 만들어 지기도 합니다.

12_
여자애들은 정말
속을 모르겠습니다.

고등학교에서 여학생 반 담임을 하고 있는 교사입니다. 여자애들은 정말 속을 모르겠습니다. 눈물을 흘리며 아프다고 조퇴해서는 친구 생일 파티에 가서 놀기도 하고, 또 잘못한 일이 있어서 혼내면 삐치고 잘 쳐다보지도 않습니다. 남자애들 같으면 한두 대 매 맞고 잘못했다며 반성하면 깨끗이 끝날 일에 여자애들은 뒤끝이 1년 내내 가는 것 같습니다. 또 어떻게 된 일인지 제 앞에서 하는 것과 뒤에서 하는 행동이 전혀 다릅니다. 제 앞에서는 애교를 부리다가도 뒤에서는 편애한다고 흉을 본다고 합니다. 여럿이 몰려다녀서 꽤 친한 줄 알았는데, 어느 날 그 무리 중 하나를 왕따 시키기도 하고, 그래서 그 애한테 잘해 주고 있으면, 어느새 그 아이는 무리로 돌아가서 다시 선생인 저를 이상한 눈으로 쳐다보고 있으니 솔직히 어느 장단에 춤을 춰야 할지 모르겠습니다.

특히 여자아이들의 그 싸늘한 눈초리가 너무 무섭습니다. 여자아이들은 말을 잘 듣고 다루기가 쉽다고 해서 여자 반을 맡았는데, 제가 남자 담임이라서 그런지는 모르겠지만 너무 괴롭습니다. 담임을 맡은 중에 이렇게 괴롭기는 처음입니다. 좀 도와주십시오.

폭력의 범위를 어디까지로 봐야 할까요?

선생님 말씀만으로도 뭔가 불편함이 느껴집니다. 여학생들 사이의 폭력은 드러나지 않지만 교묘한 신경전의 양상을 띨 때가 많습니다. 남학생들의 일반적인 폭력 양상과는 조금 성향이 다릅니다. 그 원인에 대해 여성과 남성의 뇌 구조 차이와 같은 신경생리학적 접근으로 설명해 내는 사람도 있고, 인간의 역사에서 여성은 채집을, 남성은 수렵과 전쟁 등을 주로 담당해 왔기 때문이라고 설명하는 사람도 있습니다.

어른인 선생님마저 여자아이들의 싸늘한 눈빛이 무섭다고 느꼈듯이 눈에 보이는 폭력이 아니더라도 충분히 심각할 수 있음을 아는 것이 중요합니다. 선생님이 당했던 싸늘한 눈빛도 여자아이들이 선생님께 행한 폭력의 한 현상입니다. 인정하기 어려울 테지만 선생님도 폭력의 피해자가 된 겁니다. 겉으로 멍이 들고 피가 나는 신체적 폭력이 없다고 해서 그 상황이 심각하지 않은 것은 아닙니다. 그런 일을 당한 아이들에게 너무 예민하게 굴지 말라거나, 별일 아니라며 폄하해 버리면 안 됩니다. 그 말이 피해 학생들에게는 더 큰 상처가 됩니다.

일단 선생님 반 학생들과 함께 폭력의 범위에 대해 한 번 생각해 보았으면 합니다. 그래서 아이들이 하는 행동도 폭력이라는 점을 알려 주어야 합니다. 그 상황에 대해 아무 말 하지 않는 것도 폭력에 대한 용인으로 이해될 수 있습니다. 선생님이 그 한계를 정해 주지 않으면 아이들은 그런 행동을 해도 된다고 생각합니다. 폭력이 신체적인 것뿐만 아니라 정신적·정서적인 폭력도 포함한다는 것을 알아야 합니다. 그리고 여학생들의 공격성이 은밀하다면 폭력의 의미도 그에 맞게 구체적이고 자세하게 정의되어야 한다고 생각합니다.

폭력은 남녀의 차이가 아닙니다

여학생들의 은밀한 공격성이 폭력으로 쉽게 해석되지 않은 것처럼, 남학생들의 폭력성이 별것 아니고 당연한 것으로 받아들여지는 현상 역시 경계해야 합니다. 폭력의 피해자에게 "남자가 돼 가지고 맞고 다닌다"는 식으로 오히려 비난하거나 "남자가 속 좁게……" 혹은 "여자 같이……"라고 놀리면 안 됩니다.

진정한 페미니스트는 휴머니스트라는 말처럼, 남녀 차이가 아닌 인간과 비인간의 차이가 있을 뿐입니다. 이제 남녀 차이로 아이들 세계를 이해하려고 하는 것은 어쩌면 시대착오적인 접근입니다. 아이들의 세계에서는 남성적인 것과 여성적인 것의 구분이 아니라, 강약이나 효과가 있고 없고로 행위를 판단하고 결정하기 때문입니다. 남성성이나 여성성이라는 차이보다는 유리하거나 불리하거나, 강하거나 약하거나, 정상과 비정상, 효과 있음과 효과 없음의 잣대가 아이들이 자기 행동을 선택하는 이유입니다. 마찬가지로 피해 상황에서도 남녀라는 개념을 떠나서 상처로 계속 남아 있을 것인가 위로받고 치유해 나아갈 것인가의 세계가 있을 뿐입니다.

남학생과 여학생의 폭력, 다르기도 하지만 결국 똑같습니다

여학생들이라고 심리전만을 이용하지는 않습니다. 조직적으로 행해진 여학생들의 패싸움, 폭력 사용은 남학생들의 것과 조금도 다르지 않습니다. 이렇게 공공연하게 다져진 권력의 위계가 사적인 관계에서 은밀한 공격성이 먹히게 합니다. 다시 말해 패싸움의 위세가 일상생활에서도 센 애로 통하게 한다는 것입니다.

그리고 남자아이들이라고 해서 심리전을 이용하지 않는 것도 아닙니다. 남자아이들의 폭력성을 용감함 또는 과감함으로 이해하는 문화 때문에 심리전을 하기보다 신체적인 전면전을 하는 경우가 많지만, 나쁜 소문 퍼트리기라든가, 뒷담, 무시 등 여자아이들처럼 은밀한 공격성을 보이기도 합니다. 비단 여자아이들의 전유물은 아니라는 말씀입니다.

이처럼 어느 부분까지 보면 달라 보이지만 결국은 똑같습니다. 심리전이나 신체적 전면전 등 남녀를 불문하고 모두 다 같은 전략을 쓰는 것이죠. 여기서 제가 말씀드리고 싶은 것은 너무 다른 점에 초점을 맞춘다면 우리가 놓쳐 버리는 것들이 많다는 점입니다.

여자애들은 다 그래 혹은 남자애들은 다 그래, 하고 속단해 버리면 오히려 마음이 편할 수 있습니다. 선생님도 그런 편견이 주는 편안함을 확인하고 싶은 마음도 있었을 것입니다. 그러나 그렇게 속단해 버리면, 그것은 어디까지나 남자아이 혹은 여자아이의 속성에 관한 문제여서 선생님이 개입할 필요가 없거나 개입해도 절대 해결할 수 없는 문제가 돼 버립니다. 제가 특성에 초점을 맞추지 말라고 한 것은 그런 이유 때문입니다.

남녀의 차이점은 처음에는 남녀의 특성으로, 이야깃거리로, 그리고 나아가서는 이해할 수 없고 어쩔 수 없는 그들만의 영역으로 간주되어 버릴 수 있습니다. 우리는 그 점을 경계해야 합니다. 이제 질문을 바꾸셨으면 합니다. 여자아이들이어서 그런 것이 아니라 권력을 추구하는 인간이어서 그런 것이랍니다.

13_
도대체 왜 이렇게 애들이 담배를 많이 피워 댈까요? 그리고 왜 꼭 말보로를 피울까요?

학교에 있으면 청소년 흡연이 정말 심각하다고 느낍니다. 요즘 저희 학교도 흡연과 전쟁 중입니다. 점심시간이나 저녁 식사 시간 후에 화장실에서 담배를 피운다는 불만이 많아서 선생님들이 시간표를 짜서 화장실을 돌고 있는데, 그 노력을 비웃듯이 선생님들이 자리를 뜨고 나면 담배 피우는 아이들이 곧장 몰려와 화장실을 굴뚝으로 만들어 놓곤 합니다.

최근에는 여성 흡연자도 늘었다던데, 학교에서 보니 여학생들도 남학생 못지않게 담배를 피워서 여학생 화장실 앞을 지나가다 보면 담배 연기가 자욱할 때가 많습니다.

도대체 왜 이렇게 담배를 많이 피워 대는 걸까요? 만날 시험에 공부, 공부하는 사회 분위기나 경쟁적인 환경이 애들을 스트레스 상황으로 몰고 가는 것 같기는 합니다. 그래서일까요? 최근 어떤 녀석을 잡았는데 말보로를 피우더라고요. 그 독한 담배를 왜 피우는지 정말 이해가 안 갑니다. 자기 몸을 파괴하면서 희열이라도 느끼는 걸까요?

청소년 흡연의 본질적인 이유는 '개인'의 문제가 아닌
'관계'에 있습니다.

청소년들에게 담배를 끊지 못하고 계속 피우는 이유를 물어보면,
대부분 "그냥", "습관이 돼서"라고 대답합니다. 그러면 습관이 되기 전
에는 어떤 이유로 담배를 피웠을까요? 이 질문에 아이들은 여러 가지
이유를 댑니다. 가정불화 때문에 짜증이 난다, 어른들의 잔소리 때문
이다, 공부만을 강요하는 사회 분위기가 싫다 따위 여러 가지 스트레
스를 불러일으키는 상황을 듭니다. 하나같이 이유가 될 수 있기도 합
니다만 또 한편으로는 그 어떤 것도 청소년 흡연의 본질적인 이유는
될 수 없다고 봅니다. 청소년 흡연의 본질적인 이유는 '개인'의 문제에
있지 않고 '관계'에 있기 때문입니다.

아이들의 흡연 사실을 알고 나면 어른들은 온통 담배를 끊게 하는
데 관심이 있습니다. 그러나 어른들 금연도 실패하는 일이 비일비재하
듯 아이들 금연을 이루어 내기도 만만찮은 일이 아닙니다. 아이들에
게 폐암 환자의 사진을 보여 주며 흡연이 건강에 얼마나 나쁜지 설명
해도 좀처럼 말을 듣지 않습니다. 학습권이나 건강권, 환경권 등의 이
야기를 아무리 해도 도무지 들어먹지 않습니다. 이 아이들이 아직 의
지가 약하다거나 철이 들지 않아서 건강에 얼마나 해로운지 인식하지
못하는 것이 아닙니다. 아이들에게는 자신의 건강보다 더 중요한 것이
있습니다. 바로 아이들 사이에서의 권력입니다.

아이들에게 담배는 기호품이 아니라 힘의 상징입니다

우리는 담배를 피우는 아이들을 보았을 때, 문제 행동 자체보다는 문제 행동의 이면을 바라보아야 합니다. 어른들에 의해 금지된 것들은 때로는 아이들에게는 더 강한 매력으로 작용할 수 있습니다. 위험하고 아슬아슬한 놀이를 해 냈다는 것이 왜곡된 권력을 추구하는 아이들의 세계에서는 하나의 훈장처럼 받아들여집니다.

선생님이 말씀하신 그 아이가 말보로를 피웠다는 것도 같은 맥락에서 이해할 수 있습니다. 담배를 피우지 않는 것보다는 담배를 피우는 것이, 보통의 담배를 피우는 것보다는 독한 담배를 피우는 것이 아이들 사이에서는 더 큰 권력으로 인정받는 것이지요. 이러한 가정이 가능한 이유는 아이들은 혼자 있을 때보다 무리에 섞여 있을 때 담배를 더 피우게 된다는 점입니다. 무리 속의 개인은 보통 상황의 개인과 행동 양식이 다릅니다. 자유롭지 못하지요. 자신의 자유로운 선택이 아니라는 점, 타인의 시선을 의식한다는 점, 흡연 행위가 하나의 권력으로 작용한다는 점 등이 청소년의 흡연과 성인의 흡연의 구별점이 될 수 있을 것입니다.

아이들에게 담배는 집단의 일탈을 통해 얻는 전리품입니다

청소년 흡연 문제에 대해서 생각하다 보면 의외의 난관에 부딪칩니다. 바로 어른들의 생각입니다. 어른인 자신들도 피우는데, 고등학생일 때는 못 피우게 했다가 1년 차이로 대학생이 되면 피워도 되지 않느냐, 네팔 같은 데선 어린이도 피우는데 굳이 말려야 할 필요가 있느냐, 자기 건강은 자기가 책임지는 거고 흡연의 피해도 자기가 입는 건데 애들이라고 금연, 금연하면서 설칠 필요가 있겠느냐, 하는 생각들입니다. 어느 측면에서 보면 일리가 있는 말처럼 들립니다. 그러나 어른들이 담배를 피우는 것과 네팔 아이들이 담배를 피우는 것과 우리 아이들이 담배를 피우는 것은 맥락이 각각 다릅니다.

이러한 오해가 생기는 이유는 흡연을 개인의 선택 문제로 보기 때문입니다. 그러나 우리나라 청소년들의 흡연은 개인의 선택이 아닌 집단의 관계 때문입니다. 다시 말해 그 자체에 문제가 있는 것이 아니라 그것을 둘러싼 환경에 있습니다. 일단 청소년들은 담배를 구입할 수 없습니다. 흡연이 습관이 되었다는 것은 정기적인 구입이 필요하다는 뜻입니다. 그래서 첫 단계부터 난관에 부딪칩니다. 정기적으로 구입할 수 있는 돈을 확보하고, 정기적으로 구입할 수 있는 루트를 확보하는 법, 이것은 모두 개인의 힘만으로는 불가능합니다. 이 과정에는 어떤 집단적인 공모와 결탁이 필요합니다. 어느 슈퍼를 뚫었다는 얘기, 선생님들 담배를 훔쳤다는 얘기가 아이들 사이에서 무용담처럼 펼쳐집니다. 혼자 있을 때는 별로 피우지 않지만 친구들을 만나거나, 노는 선배에게 정기적으로 하사(?)받아서 담배를 피운다는 아이들이 있었습니다. 이처럼 우리 아이들에게 담배는 단순 기호품이 아닌 집단의 일탈을 통해 얻는 전리품 같은 것입니다.

청소년의 흡연 이유는 어른들이 명품을 사는 이유와 같습니다

이처럼 청소년 흡연은 집단적인 학교폭력 문화와 겹쳐 있습니다. 담배 피우지 않는 일진 학생, 상상이 되십니까? '말보로'라는 구체적인 상표를 지칭했지만 이것은 하나의 상징품일 뿐입니다. 본질이 아니라 표피라는 말입니다. 본질은 타인으로부터 인정받고 싶은 욕망이겠지요. 말보로가 일반적인 것이 되면 이제 아이들은 무슨 담배를 피울까요? 아이들이 자신들의 권력을 표현하는 코드로 내미는 물건들은 그때그때 달라질 수 있습니다. 시간이 지나면 다른 것으로 바뀌고 진화하겠지요.

이것은 어쩌면 아이들만의 문제는 아닙니다. 아이들의 이러한 모습은 어른들이 명품을 사는 이유를 설명해 줍니다. 어른들 역시 다른 사람들의 시선에서 자유로운 것은 아니지요. 다른 사람의 시선을 받고 싶고, 주목받고 싶고, 더 나은 사람으로 대접받고 싶은 욕망이 누구에게나 있기 마련이니까요. 거친 비유일 수도 있지만, 그런 것들이 어른들에게 명품을 사게 하고, 아이들에게 말보로를 피우게 하는 이유가 아닐까요? 이제 그 욕망을 이해해 주고, 그것을 바른 방향으로 이끌어 주는 것이 어른의 몫이라고 생각됩니다.

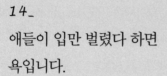

14_
애들이 입만 벌렸다 하면
욕입니다.

요즘 애들은 입만 벌렸다 하면 욕입니다. 욕을 넣지 않으면 말이 안 되는 줄 알아요. 그런데 날마다 이런 애들을 보는 입장에서 가만히 있을 수도 없고, 그렇다고 일일이 개입하자니 일이 끝도 없고……

거친 욕을 입에 담고 사는 애들을 보면 정말 화가 납니다. 선생님 인 제 앞에서 버젓이 욕지거리를 하고 있으면 애들이 나를 어떻게 보 나 하고 무시 받는 느낌마저 듭니다.

그런데 욕에 대해 좀 더 생각하게 된 것은 우리 반 아이들을 보면 서입니다. 저희 반에 얼굴이 아주 뽀얗고 예쁘게 생긴 모범적인 아이 가 하나 있습니다. 몸이 약한 편이라 애들이 은근히 무시하는 편인데, 어제는 몇 녀석들이 그 애를 때리는 일이 있었습니다. 자기들한테 욕 을 했다고요. 욕이 그 애들한테 빌미가 된 거죠. 자기들도 욕은 잘 하 면서 그 애가 자기한테 욕한 건 참을 수 없었던가 봅니다. 때린 애들이 더 잘못한 건 맞지만 욕한 애한테는 어떻게 지도해야 할까요? 어쨌든 욕을 어떻게 봐야 하고, 어디까지 막아야 할까요?

욕은 약자의 자기방어 행위일 수 있습니다

　요즘 아이들 욕은 심각한 수준에 이른 것 같습니다. 선생님의 문제의식에 동의합니다. 그렇지만 선생님이 처음 말씀하신 것처럼 선생님을 무시하기 위해서는 일단 아닌 것 같습니다. 욕에 익숙해진 아이들은 욕을 감탄사처럼 내뱉습니다. "앗 뜨거워!"가 아니라 "아 씨○ 졸○ 뜨거!"처럼 무조건 반사 같은 대사들이 쏟아져 나옵니다. 그렇다고 욕을 달고 사는 게 좋다는 뜻도 아니며 당연하다는 말도 아닙니다. 다만 욕에 대해서 다양한 코드가 있다는 걸 생각해 보았으면 합니다.

　먼저 선생님이 이야기한 반 아이 경우는 '자기방어'로 욕을 사용한 것 같네요. 만약 그 아이가 주먹이 셌다면 틀림없이 주먹을 썼을 겁니다. 하지만 그 아이는 선생님이 말씀한 것처럼 힘이 약합니다. 누군가가 자신을 공격하면 어떻게 해야 할까요? 강아지도 다른 집 사람이 오면 짖습니다. 그게 강아지가 할 수 있는 최선이니까요. 그 아이도 아마 그랬을 겁니다. 누군가가 자신을 공격하려고 했을 때 욕은 그 위협에 스스로를 대비하는 방편이었을 것입니다.

　그런데 때린 아이들이 그 아이가 먼저 욕을 했다고 했나요? 아이들 말을 더 자세히 들어보면 알겠지만, 아마도 아이들이 먼저 공격했고 그 아이가 자기방어를 위해 욕을 했을 것입니다. 부당한 폭력에 폭력으로 대응하는 것은 때로 정당방위로 인정되기도 합니다. 하물며 그 아이는 자기방어를 위해 사용할 수 있는 게 욕밖에 없었습니다. "너도 욕을 했으니 잘한 건 없어"가 아니라, 공격에 대항해서 할 수 있는 방법이 욕밖에 없었던 그 아이의 마음을 좀 더 세심하게 읽어 줄 필요가 있는 것 같습니다.

고운 말을 사용할 수 없는 아이들의 속사정

비단 이번 폭력 사건에서만이 아니더라도 일상에서 욕을 예사로 쓰는 문화를 어떻게 이해해야 할지에 대한 문제가 남습니다. 처음에 말씀드린 대로 욕은 다양한 코드로 이해될 수 있습니다. 아이들은 서로 친근감을 표시할 때도, 소속감의 경계를 표현할 때도 욕을 합니다. 우리는 이 정도의 욕이 통용될 수 있는 사이라는 뜻입니다. 이 아이에게는 할 수 있는 말을 저 아이에게는 할 수 없고, 반대로 어떤 아이는 자기에게 이 욕을 해도 되지만 똑같은 욕이어도 또 다른 아이가 자기에게 하는 건 참을 수 없다고 말하기도 합니다. 욕을 허용하는 친함의 범위도 정해져 있어서 친한 친구 말고 욕을 하면 불쾌함을 표현하거나 폭력을 행사하기도 하죠. 어른들이 인정하든 인정하지 않든 이제 욕은 아이들 사이에서 하나의 하위문화가 되어 버린 것 같습니다.

아이들끼리 서로 거칠게 해 대는 욕 문화를 걱정하는 이유 가운데 하나는 아이들이 말이 가진 세밀한 층위를 익히지 못하기 때문입니다. 어느 선생님이 말씀하시길 아이들은 그 어떤 어려운 문제를 내도 "좋거나 싫거나 재수 없거나"로 놀랍게 단순화된 반응을 보인다고 해서 웃은 적이 있습니다.

욕은 어떤 의미에서 아주 강한 자극과 반응을 불러일으킵니다. 좀 더 강해 보이기 위해 일부러 더 거친 말을 하고, 그런 거친 말이 아니면 스스로 성에 차지 않는 표현처럼 느껴집니다. 이때 욕은 이미 언어가 아닌 일종의 무기로서 기능합니다. 이 경우 자신도 원하지 않지만 혼자만 무장해제할 수 없기 때문에 똑같이, 때로는 더 심하게 욕을 하게 됩니다. 모두들 예사로 욕하는데, 혼자 바른 말, 고운 말만 사용할 수 없는 노릇이지요. 그럴 때는 자기만 손해 보는 느낌이니까요. 욕설을 포함해 상대방을 지배하고, 조정하는 언어만 습득하게 된다면 어떻게 될까요? 아마 오래지 않아 아이들은 언제든지 관계 문제로 인해 고민하는 순간을 만나게 될 것입니다.

또한 이런 센 말에 길들여진 아이들은 우정과 친밀감을 바탕으로 한 진정한 관계 맺기에 실패하기 십상입니다. 청소년들의 비속어 사용을 걱정하는 가장 큰 이유입니다. 어쩌면 이것이 언어의 오염이나 어른에 대한 불경보다도 더 큰 문제일지 모릅니다. 좋다는 것을 좋은 말로 표현하지 않고 가장 상스러운 말로 표현하는 관계, 이런 관계라면 작고 약한 목소리를 제대로 낼 수 없는 관계가 아닐까요? 욕으로 친근함을 표시하는 집단의 내부를 들여다보면, 자신들이 이야기하는 것만큼 우정의 공동체가 아니라 생존을 위한 공동체일 때가 많습니다. 함께 있으면 든든한 것 같지만 사실은 그 집단에서 소외될까 봐 두렵고, 그래서 더 친한 척해야 하는 것이지요.

욕으로는 자신을 지킬 수 없습니다

이처럼 욕은 폭력에 대한 감성을 무디게 하고 인간과 인간 사이의 깊은 대화를 차단합니다. 이로 인해 진실한 관계 맺음이나 갈등을 해결하는 진짜 방법을 배우지 못하게 됩니다. 선생님 반에 있는 그 아이도 욕을 해서는 상대방의 폭력을 중지시킬 수 없다는 것을 알아야 합니다. 당시 그 상황에서 그 아이가 했던 욕이 그 아이가 할 수 있었던 유일한 자기방어였다고 할지라도, 그것이 얼마나 무력하며 오히려 상황을 악화시키는지 알려 줄 필요가 있습니다. 더 나아가서는 폭력을 적극적으로 거부하고 표현하는 방법을 가르쳐 줘야 합니다.

욕설이 만연하고 마치 청소년들의 하위문화처럼 여겨진다고 해도 그것을 당연하게 받아들여서는 안 됩니다. 어떤 교사는 아이들과 친근하다는 것을 과시하거나 재미를 위해서 아이들끼리 하는 욕을 아이들 앞에서 사용하기도 합니다. 우리는 이처럼 당연한 것처럼 보이는 질서를 의심해 봐야 합니다. 욕설을 하는 것은 서로를 가볍게 생각하고, 인격체로 생각하지 않는 것입니다. 욕설 상황이 재미있을 수도 있지만 재미 이상의 가치를 추구할 수 있어야 합니다. 이제 새로운 언어문화를 만들어야 하지 않을까요? 말이 말이 아닌 권력 표현의 수단으로 변질된 지금 상황을 날카롭게 분석하고, 아이들의 말을 다시 되찾는 일은 학교폭력 문제 해결을 위해서도 꼭 필요한 일입니다.

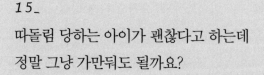

15_
따돌림 당하는 아이가 괜찮다고 하는데
정말 그냥 가만둬도 될까요?

저는 중학교에서 근무하는 2년차 담임교사입니다. 저희 반에 따돌림 당하는 아이가 있어요. 수업 시간에 대답하기 곤란한 어려운 문제가 나오면 애들이 늘 그 애를 시키라고 하고, 그 애가 조금만 엎드려 있어도 다른 애들이 고자질하곤 해요. 이동 수업 때에도 혼자서 가고 점심때에도 같이 밥을 먹는 애들이 없습니다.

그래서 도와주고 싶은 생각에 어느 날 불러서 물어봤더니 글쎄 괜찮다는 거예요. 깜짝 놀랐습니다. 차라리 힘들다고 했으면 제가 발 벗고 나섰을 텐데 괜찮다고 하니까 그냥 맥이 탁 풀리는 기분이었어요. 그렇지만 그냥 두고 보기에는 뭔가 찜찜한 기분이 듭니다. 말은 그렇게 해도 진짜로는 안 괜찮은 것 같거든요. 그런데 그 애는 왜 괜찮다고 할까요? 제가 보는 것과 그 애가 느끼는 게 이렇게 차이 나는 이유는 뭘까요? 제가 너무 예민하게 구는 걸까요? 괜찮다고 할 때는 정말 그냥 가만둬도 될까요?

피해자가 "괜찮다"며 연기하는 이유

좀 난감했겠네요. 교사가 열심히 관찰해서 이런 상황을 발견하고 는 상담하는데, 웬일인지 아이는 구조 요청을 하지 않습니다. 그런데 이런 경우가 실제로 많습니다. 교사가 보기에는 분명히 학교폭력 상 황인데, 이 경우처럼 아이는 "괜찮다"고 합니다. 심지어 교사의 질문에 아무 일도 아니라며, 괜찮다며 웃기까지 합니다. 이럴 때 교사는 굉장 히 난감해지죠. 아이가 괜찮다는데 자기가 괜히 집착하고 들쑤셔서 문 제를 만들어 가는 것이 아닌가 하는 생각이 들기 때문입니다. 그렇지 만 분명히 알아 두세요. 지금 아이는 연기를 하고 있습니다. 괜찮을 리 가 없습니다.

그럼 아이가 왜 연기를 했을까요? 여러 가지 이유가 있겠지만 첫 째는, 아이가 그 상황을 있는 그대로 받아들일 자신이 없기 때문입니 다. 뭔가 불편하고 이상한 느낌은 있지만, 그것을 '따돌림'이라고 인정 하기 힘든 거죠. "따돌림 당한다"고 말해 버리고 나면, 자신이 정말 못 난 사람, 불쌍한 사람이 되어 버리기 때문입니다. 그래서 애써 부인하 고 싶은 거지요. 그 사실을 부인한다고 해도—'따돌림'이라는 말을 쓰 지 않는다고 해도—따돌림이 없어지는 것은 아닙니다. 다만 그 사실 을 받아들일 내면의 힘이 없는 거죠. 선생님은 여러 가지 방식으로 그 아이를 도와주려고 하겠지만 그 아이는 친구들 앞에서 자신이 불쌍한 사람으로 낙인찍히는 게 훨씬 더 싫은 거죠.

또 다른 이유는 괴로운 게 외로운 것보다 낫기 때문입니다. 선생님이 말씀하신 수업 시간을 상상해 보면, 아이들이 수업 시간에 그 아이를 괴롭히는 장면이 그려집니다. 그것은 분명 괴롭힘입니다. 그런데 아이는 그것을 그나마 남아 있는 아이들과의 끈, 관계라고 생각합니다. 선생님이 따돌림을 중지하라는 명목으로 그나마 있던 관계를 중단시켜 버리면 아이는 정말 혼자가 되어야 합니다. 그것이 두려운 거지요. 아이는 왜곡된 관계 의식에 사로잡혀 있어요. 이런 약한 마음을 이용해서 어떤 아이들은 그런 아이를 데리고 다니면서 괴롭힙니다. 곁에서 보면 친한 것 같은데 내막을 들여다보면 괴롭히고 있는 겁니다.

야쿠자나 마피아가 살아남는 이유

그리고 무엇보다도 큰 또 하나의 이유는 교사가 제대로 해결해 주지 못할 거라는 불신 때문입니다. 이것은 선생님 개인의 탓은 아닙니다. 그 아이도 이제껏 살아오면서 지금처럼 어려웠던 순간들이 있었을 테고, 또 그때마다 많은 선생님을 만났을 것입니다. 그러나 시원스럽게 해결하지 못했겠죠. 그래서 지금도 아이들에게 따돌림을 당하고 있는 거고요. 이런 상황이 처음이라면 오히려 적극적으로 선생님께 도움을 청했을지도 모릅니다. 이 알 수 없는 상황을 빨리 해결하고 싶어서요. 그러나 선생님의 따뜻한 관심을 거절한 것을 보면 아무래도 비슷한 상황에서 좌절했던 경험이 있기 때문일 것입니다. 이건 선생님 잘못이 아닙니다. 선생님과 아이들은 어찌 보면 이런 식으로 자신의 과거 경험과 이어달리기를 하고 있습니다. "내가 본 선생님은 이랬었어, 그러니까 선생님은 다 이런 식일 거야" 하고요. 선생님도 마찬가지로 학생에 대해 이런 식으로 견해를 만들어 가실 거고요. 가장 가깝게는 작년 담임선생님과 비교를 많이 당하죠. 어쨌든 어느 지점에서 교사에 대한 불신이 생겼는지 모르지만 선생님과 아이가 그 벽을 뛰어넘어야 겠지요. 아이는 두려울 겁니다. 선생님의 도움이 근본적인 해결이 되지 못한다면 아이는 이 사건이 밝혀진 것을 빌미로 더 은밀하고 강도 높게 괴롭힘을 당할 것입니다. 그럴 바에야 아무것도 아니라고, 괜찮다고 얼버무리고 지나가는 게 오히려 상책이라고 생각하겠지요.

아무리 범죄와의 전쟁을 해도 범죄 조직을 뿌리 뽑는 일은 참 어렵습니다. 그 이유가 무엇인 것 같으세요? "웬 마피아 얘기?" 하고 고개를 갸웃하겠지만 무척 연관이 있습니다. 세상에는 오랫동안 세력을 유지하고 있는 범죄 조직이 있죠? 그 조직들이 오랫동안 세력을 유지하는 비결이 무엇일까요? 제가 보기에 그 이유는 조직 자체의 강한 단결력 때문이 아닙니다. 사람들의 불안감과 관련이 있습니다. 사람들은 경찰과 마피아, 누구를 더 무서워할까요? 마피아입니다. 그 이유가 뭘까요? 마피아가 더 끈질기게 괴롭힐 것 같기 때문입니다. 반대로 자신이 마피아로부터 보호를 받는다면 경찰보다 더 안전하게 보호 받을 수 있을 것 같습니다. 무엇이 옳고 그르고를 떠나서 자신의 안전을 보장 받을 수 있다면 그것보다 든든한 일은 없겠지요. 마찬가지로 학교에서도 선생님과 반 친구들, 누구를 더 오랫동안 보겠습니까? 선생님은 올 한 해 열심히 새로운 분위기를 만들어 가실 수도 있지만, 아이들의 세계는 3년 내내 이어집니다. 나머지 2년은 어떻게 될까요? 그래서 아이는 선생님보다 다른 아이들의 눈치를 보게 되는 겁니다. 이것은 부대에 막 배치 받은 이등병에게 국방부 장관보다 바로 위의 일등병이 더 무서운 이유와도 같습니다.

따돌림 당하는 아이에게 손을 내밀고 관심을 가져야 합니다

이렇게 아이의 마음속에는 여러 가지 사정이 있습니다. 우리가 이런 아이들을 만났을 때 손 놓고 있지 말고 행동을 취해야 하는 이유는 인간은 스스로를 구원할 수 없는 존재이기 때문입니다. 특히 아이들은 더 그렇지요. 물론 우리 안에는 그 어려움을 극복할 수 있는 힘이 있습니다. 하지만 그것을 잘 몰라요. 우리가 할 수 있는 것은 타인에게 어떠한 계기가 되어 주는 것입니다. 선생님의 관심은 그 아이에게 분명 어떤 계기가 될 것입니다. 선생님이 직접적으로 면담과 전화를 할 수도 있고, 편지를 써 줄 수도 있어요. 그렇지만 저는 선생님 개인으로 어떤 행동을 하시다가 지치지 않기를 바랍니다. 또한 이 문제는 그 아이와 선생님 두 사람의 문제가 아니라 학급 전체의 문제입니다. 그 아이에게도 다른 아이들에게도 같이 살아가는 방법, 문제를 공동으로 해결하는 방법을 알려 주어야겠지요. 선생님은 아이들과 함께 학급에 따돌림 예방 및 해결 위원회나, 취미 모둠을 만들 수도 있고, 학교폭력이나 따돌림에 대한 글을 함께 읽으면서 학급 전체가 반성의 시간을 가질 수도 있습니다.

선생님의 학생에 대한 지속적인 관심은 결국 어떤 방법을 고안하게 되는 결과를 가져올 것입니다. 이 모든 활동들이 따돌림 문제를 자신의 경험과 연결시키는 어떤 계기가 되어야 합니다. 그리고 어느 순간 그 아이가 자신의 힘든 목소리를 낼 수 있는 시간이 오게 되기를 바랍니다. 그 목소리를 이끌어 내야 합니다. 이 한 번의 화해의 경험이 이후에 있을 모든 문제를 해결하지는 않습니다. 그러나 이런 화해의 경험은 아이들에게 인간에 대한 믿음을 갖게 합니다. 그리고 그것은 자신들의 삶에 두고두고 남을 커다란 자산이 될 것입니다.

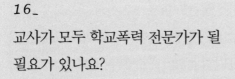

16_
교사가 모두 학교폭력 전문가가 될 필요가 있나요?

　제가 교사이다 보니 요즘 만나는 사람마다 저를 붙들고 학교폭력에 대해 묻습니다. 정말 학교폭력이 텔레비전에서 본 것처럼 그렇게 심한 거냐, 실제로 그런 일 겪어 봤냐, 우리 애가 그런 일 안 겪게 하려면 어떻게 해야 하냐고 말입니다. 제가 그렇다고 하면 겪은 일을 얘기해 달라고 하고, 반대로 우리 학교는 그렇게 심하지 않다고 하면 믿지를 않습니다. 그리고 이야기 끝에 위로인지 비아냥거림인지 요즘 같은 세상에 선생하기 참 힘들겠다고 합니다.

　힘들지요. 예전에는 어땠는지 잘 모르겠지만 요즘에는 좀 힘든 게 사실입니다. 일단 수업 준비를 하고, 학교 업무와 생활지도도 해야죠. 담임이면 할 일이 더 많아지죠. 아침 조회 들어가서 출석 체크하고, 유인물 있으면 걷고, 교실이 지저분하지 않은지 살펴보고 주번 활동 체크도 해야죠, 점심때면 급식 지도를 하고 상담이 필요한 아이들은 중간 중간 쉬는 시간에 불러서 상담해야죠, 청소 시간에는 청소 감독 해야죠. 학교에 따라서는 보충수업과 야자까지 점검하죠.

안 그래도 이렇게 할 일이 많은데 이 많은 일을 다 하고 어떻게 학교폭력까지 해결할 수 있겠습니까? 차라리 교사들이 할 수 없고 안 되는 건, 따로 전문가들한테 맡기는 게 낫지 않겠습니까? 이것저것 다 하다 보니 제대로 하는 것 하나도 없고, 교사들의 전문성이 떨어진다는 소리를 듣는 거 같습니다. 저는 교사라면 모두 다 학교폭력 전문가가 돼야 할 것 같은 이런 사회 분위기가 부담스럽습니다.

하지 않아도 되는 것과 할 수 없는 것은 차이가 있습니다

학교가 정말 많은 역할을 맡고 있습니다. 교육뿐 아니라 때로는 보육이나 훈육 기능까지 맡습니다. 그러다 보니 어떤 역할이 본질이고, 무엇이 부차적인 것인지 혼란스럽습니다. 선생님 지적처럼 필요 없는 것은 다 없애고 본질적인 것에 집중할 수 있으면 좋겠습니다. 그런데 무엇에 집중하고 무엇을 버릴 것인가 하는 것은 더 조심스럽게 접근해야 할 필요가 있습니다. 해야 하는데 현실 여건상 할 수 없는 일과 하지 않아도 되는 일에는 차이가 있습니다. 반드시 해야 하는데 현실 여건상 할 수 없다면 그것이 가능하도록 현실 여건을 개선해 가면 됩니다. 그러나 선생님 말씀처럼 불필요한 일이 있다면 그 일 자체를 버려야 하는 것입니다. 지금 우리가 고민해 봐야 할 것은 그것이 불필요한 일인지, 아니면 필요한 일인데 제대로 되지 않은 것인지 구별하는 것입니다.

그렇다면 학교가 꼭 해야 하는 일이 무엇인지 생각해 봅시다. 지금은 예전과 다르게 많은 학교에서 화장실 청소를 아이들이 하지 않는 경우가 많습니다. 청소에는 분명히 노작교육이라는 의미가 있습니다. 그런데 화장실 청소를 아이들에게 맡겨 놓으면 아이들이 하기 힘들 뿐더러 실제로 잘 되지도 않습니다. 그래서 그 일을 용역 업체에 맡기게 되었습니다. 그런데 잘 생각해 보면 화장실 청소가 힘들고 아이들이 깨끗하게 해 내지 못해서 외부 업체에 맡긴 것만은 아닙니다. 이 판단은 화장실 청소가 아이들이 반드시 해야 할 일이 아니라는 생각이 있었기 때문에 가능했습니다.

요즘은 학교 수업을 사설 학원의 수업과 많이 비교합니다. 유명한 인터넷 강사들을 보면 학교 선생님 못지않게 실력이 뛰어납니다. 하지만 그 선생님들을 모두 학교에 모셔 오지 않은 이유는 무엇일까요? 돈이 많이 들어서일까요? 아니면 선생님들 직업이 전부 없어져서일까요? 아닙니다. 수업을 학원 교사에게 맡기지 않는 가장 큰 이유는 가르치는 일이, 그리고 그 가운데 수업이 학교에서 교사들이 해야 할 가장 본질적인 일이라 생각하기 때문입니다.

학교폭력 문제가 화장실 청소 같은 것입니까?

저는 지금 화장실 청소 이야기가 아니라 학교 교육 활동의 본질에 대해서 이야기하고 있습니다. 도대체 학교가 꼭 해야 하는 일은 무엇일까요? 교복을 꼭 입게 하는 것, 반지와 귀걸이를 하지 못하게 하는 것, 실내에서 운동화를 함부로 신지 못하게 하는 것. 이런 것이 교육의 본질이 아닌 것만은 분명합니다. 이것은 학교마다 다르게 지도하기도 하고, 심지어 아무 문제가 되지 않은 학교도 있으니 말입니다. 그렇다면 절대로 양보하거나 포기할 수 없는 본질적인 교육의 목적은 무엇일까요? 우리나라에서는 교육 기본법 2조에 "민주 시민으로서 필요한 자질을 갖추게 함으로써 인간다운 삶을 영위하도록" 한다고 명시하며 교육의 목적을 규정하고 있습니다. 학교폭력 문제를 해결하는 것은 여기에 직접적으로 해당합니다. 학교폭력은 인간다운 삶을 살지 못하게 합니다. 학교폭력 문제는 화장실 청소 같은 문제가 아닙니다. 그것의 해결을 위해 외부 사람들에게 위탁해서는 안 되는 문제입니다.

'민주 시민으로서 필요한 자질'은 무엇을 말하는 것일까요? 교통 법규를 지키고 세금을 밀리지 않고 내고 하는 것만 민주 시민의 자질이 아닙니다. 아이들은 학교 교육을 통해 '더불어', '어울려' 살아가는 법을 배워야 합니다. 파편화된 개인들의 무한 경쟁, 무한 질주가 이루어지고 있는 지금의 현실에서 우리 아이들은 어디에서 더불어 사는 법을 배워야 하는 걸까요? 그것은 부모님의 사랑으로, 학원의 비싼 과외로 해결해 줄 수 없는 문제입니다. 그것은 학교에서 배워야 하는 것입니다. 수업만 하는 사람이 교사가 아닙니다. 교사는 지식도 중요하지만, 지식 못지않게 사람 사이의 관계, 사람에 대한 태도도 함께 가르쳐야 합니다.

선생님 자신을 위해서 학교폭력 문제 전문가가 되어야 합니다

　학교폭력 문제를 해결하는 것이 교육의 중요한 본질이라는 지적이 현실과는 동떨어진 윤리 법칙처럼 들릴 수도 있습니다. 그러나 사실은 그렇지 않습니다. 쉽게 말하면 이렇습니다. 아이들이 겪고 있는 문제를 제대로 해결해 주지 못하는 선생님들을 아이들은 신뢰할까요? 자신의 문제에 대해 전혀 알지 못하고, 알아도 해결해 주지 못하는 선생님들을 과연 존경할 수 있을까요? 많은 사람들이 교권을 걱정합니다. 교사의 권위는 가르치는 교과에 대한 지적 권위에서 출발하기는 하지만 그것만으로는 온전할 수 없습니다. 아이들의 생활 세계에 대해 무지한 교사의 지적 권위는 무력할 수밖에 없습니다. 저는 아이들의 삶을 위해서만 학교폭력 문제 전문가가 되라고 하지 않습니다. 더 직접적으로는 선생님, 바로 선생님을 위해서입니다. 아이들의 삶의 문제를 도외시한 교과 활동은 결코 성공할 수 없습니다. 그리고 권위를 가질 수도 없습니다. 그 권위는 아이들의 자발적인 존경에서 나오는 것이기 때문입니다. 저는 이러한 이유 때문에, 즉 아이들뿐 아니라 선생님 자신을 위해서도 학교폭력 문제 전문가가 되어야 한다고 말하고 있는 것입니다.

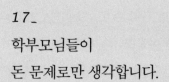

17_
학부모님들이
돈 문제로만 생각합니다.

저는 고등학교 1학년 남자 반 담임입니다. 반 아이들끼리 싸움이 있었습니다. 그런데 맞은 학생 아버지가 때린 학생 집을 찾아가겠다며 집 주소를 알려 달라고 하더니, 제게 별 말도 없이 경찰에 신고해 버렸습니다. 이 사실을 가해 학생 어머니에게 알렸는데, 오히려 당신 자식이 때렸을 리 없다며 제 말을 믿지 않으려고 했습니다. 객관적인 정황과 맞은 정도를 어머니에게 이야기했지만 오히려 "맞을 만한 놈이니까 맞은 것"이라며 딴소리를 합니다. 그래서 피해 학생 아버지가 경찰에 신고했고, 말렸지만 혹시 댁으로 찾아갈 수도 있으니 웬만하면 싸우지 말고 원만히 해결하라고 조언했는데 이번에는 일방적으로 가해자 편을 든다며 제게 욕하기 시작했습니다.

나중에 알고 보니 그 가해 학생의 어머니는 합의금 때문에 의도적으로 제게 싸움을 걸었던 것입니다. 학교에서 벌어진 일이니 담임도 책임을 져야 한다며 저를 협박하기까지 했습니다. 잘못했다는 의식은 전혀 없는 것 같고, 돈 문제 때문에 저를 같은 가해자 취급하면서 공격해 옵니다. 학생들 문제를 경찰에 넘길 수도 없고, 한 교실에서 같이 공부하는 학생끼리 서로 등지고 살아가는 것도 당사자와 지켜보는 다른 학생들에게 그다지 바람직하지 않은 일처럼 보입니다. 담임인 제가 이들의 마음을 풀기 위해 뭔가 나서서 해야 할 것 같은데 뭘 어떻게 해야 할까요?

사건 전모를 파악하고 객관적 증거를 확보하여 피해자 · 가해자를 분명히 하십시오

학부모님의 처사에 선생님도 당황하고 상처를 받았겠네요. 문제 해결을 이렇게 단순히 피해 보상으로 여기는 분들도 계십니다. 그러나 또 한편 피해자 입장을 생각해 보면 이해가 되기도 합니다. 심리적인 상처가 가장 크지만 그 부분에 대해서 화해나 사과가 잘 이루어지지 않으니 금전적인 보상이라도 제대로 받아 보자고 생각하며 접근하는 경우가 있습니다. 또 가해 학생의 어머니처럼 누구라도 자신이 궁지에 몰리면 평상시와 다른 모습을 보입니다. 그런 모습에 상처 받지 말고, 침착히 해야 할 일을 준비했으면 합니다.

사건이 발생하면 교사는 사건의 전말을 충분히 조사하고 객관적인 증거를 확보하여, 피해자와 가해자를 명확하게 구분해야 합니다. 그렇지 않으면 사건을 근본적으로 해결할 길이 처음부터 막혀 버립니다. 요즘의 따돌림이나 학교폭력은 사소해 보이기는 하지만 아주 교묘한 폭력이고 괴롭힘입니다. 자칫해서 객관적인 증거를 확보하지 못하면 교사도 학부모 사이의 분쟁에 휘말릴 수 있습니다. 가해자 학부모들은 자라는 학생들 사이에서 일어나는 우발적이고 사소한 다툼으로 몰아가려고 하고, 폭력 피해가 심한 경우에는 법적으로 합의하려고 매달리게 됩니다. 오랜 기간 진실 게임을 벌이다 보면 승자는 없고 패자만 남게 되는 것 같습니다. 어찌 됐던 사건이 발생하면 담임선생님은 먼저 학급 학생들 모두를 대상으로 문제의 출발과 진행 과정 및 직접적인 폭력이나 괴롭힘에 대해 설문 조사나 진술을 받아서 사건의 본질을 명확하게 밝혀야 합니다.

제가 직접 겪었던 일입니다. 당시 고등학교 2학년생이던 한 학생이 화장실에서 같은 반 학생에게 맞아서 코뼈가 주저앉은 일이 있었습니다. 겉으로 드러나는 현상으로만 판단한다면 때린 학생이 가해자, 맞은 학생이 피해자겠죠. 그런데 가해 학생은 자신이 정당방위였다고 우겼습니다. 즉, 피해 학생이 흉기를 휘둘러서 싸우게 된 거라고 주장했습니다. 그래서 그 항변이 맞는지 살펴보았습니다. 평소 가해 학생은 피해 학생의 걸음걸이가 특이하다며 다른 친구들과 같이 놀리고 괴롭혔습니다. 그러면 피해 학생은 갑자기 화를 내거나 뭔가 저항하는 모습을 연출하기 위해서 볼펜을 상대가 다치지 않을 정도로 휘두르곤 했습니다. 폭행 사건이 발생한 화장실에서도 가해 학생이 평소처럼 피해 학생의 특이한 걸음걸이를 흉내 내며 놀리자 피해 학생은 자신이 들고 있던 볼펜을 휘둘렀고, 시비 끝에 가해 학생에게 맞아서 코뼈가 주저앉게 된 것입니다.

이 사건을 보면 가해 학생이 피해 학생을 폭행했을 뿐만 아니라 자기 패거리들과 지속적으로 괴롭혀 왔음에도 불구하고, 미안해하기는커녕 자기 잘못을 감추려고 오히려 상대방이 먼저 공격해 왔다고 우겼습니다. 진실을 가리기 위해 담임교사는 학생들의 증언을 확보하여 피해 학생이 볼펜을 휘두른 행위가 공격이 아니라, 그 상황을 모면하기 위한 단순한 방어 행위임을 가해 학생들의 학부모님들께 알려 드렸습니다. 그러자 자기 아이의 말만 믿고 잘못이 없다고 큰소리치던 가해 학생의 부모님의 태도가 달라졌습니다.

교통사고가 발생해도 목소리 큰 사람이 이긴다는 말이 있듯이, 객관적인 증거를 확보하고 정황을 포착해 내지 못하면 가해자가 오히려 피해자 흉내를 냅니다. 따라서 학교폭력 문제에서도 담임교사가 주변의 여러 정황과 증거들을 수집해서 피해자와 가해자를 명확히 구분해 주는 것이 사건 해결의 출발점이 됩니다.

학급 내에서 공개적으로 문제의 잘잘못을 분명하게 밝히고 화해 분위기를 만드십시오

선생님께서도 두 아이가 한 교실에서 같이 생활해야 하는 학생들이니까 돈으로 해결하는 것은 진짜 해결이 아니라고 생각하신 것 같습니다. 방금 말씀드린 대로 첫 번째 단계에서는 피해자, 가해자를 잘 구분해야 하고, 담임교사는 학생들 간의 화해를 목표로 접근해야 할 것입니다. 사건이 발생하면 학부모님들은 합의에 매달리게 되지만 교사는 더 장기적인 안목으로 사건을 해결해 나가야 합니다. 사실 사건은 가해자와 피해자의 합의만으로 해결되는 것은 아닙니다. 학교폭력은 우발적이고 일회적인 폭력이 아니라 학생들 사이의 치열한 생존경쟁이 폭력 사건으로 드러나는 것이기 때문입니다. 표면적으로 보면 힘센 학생이 약한 학생을 괴롭히는 것이지만 본질적으로는 모든 구성원들이 약한 학생을 괴롭히는 데 암묵적으로 동의하며 소극적 혹은 적극적으로 기여하고 있는 것입니다. 그러므로 괴롭힘이 나쁜 행동임을 교실에서 공식화하고 교실 분위기를 바꾸지 않으면 진정한 화해를 기대하기 힘듭니다. 즉 가해 학생이 자기 잘못을 인정하여 공개적으로 사과하게 하고, 적극적으로 놀리거나 이를 지켜보고 같이 웃었던 학생들 모두 반성할 수 있도록 지도해야 합니다. 그러나 한 번 이렇게 지도했다고 해서 아이들이 다시 그런 행위를 안 하는 것은 아닙니다. 지속적으로 학급 분위기를 평화롭게 만들어 나가려는 노력이 병행되지 않으면 폭력 사건은 언제든지 다시 발생할 수 있습니다.

2부

학부모의
목소리

01_
우리 아이 물건이
자꾸 없어집니다.

　　중학교 3학년 남자아이를 둔 부모입니다. 아이가 체육복을 또 잃어버렸습니다. 이번이 벌써 세 번째입니다. 원래 차분하고 꼼꼼한 성격은 아니지만 생각해 보니 그동안 이런 일이 계속 반복되었던 것 같아 조금 이상한 생각이 듭니다. 이런 생각이 더 들게 된 것은 애가 공부하고 있는 책을 보고 나서입니다. 시험 기간이라 공부하고 있는 책을 봤더니 찢어지고 구멍 뚫리고 낙서도 심했습니다. 야단을 치니 자기가 한 것이 아니라며 울먹였습니다. 그리고 아예 잃어버렸다는 책도 있습니다. 올해 들어 물건이나 책을 잃어버린 일이 예전보다 훨씬 많고 용돈도 예전보다 많이 가져갑니다. 이상하다는 생각이 들어 아이에게 물어보지만 아이는 괜히 그런다며 화를 내고 별 말을 안 하니 답답하기만 합니다.

요즘 아이들이 대체로 자기 물건을 잘 간수하지 못하는 경향이 있습니다. 교실마다 사물함이 있어 물건들을 주로 학교에 놓고 다닙니다. 교과서나 체육복 등 학교에서 사용하는 물건들을 서로 빌리고 빌려 주며 돌려쓰다 보니 빌려 주고도 누구에게 빌려 줬는지 모르고, 남의 물건을 주인의 허락 없이 마구 사용하기도 합니다. 잃어버리고 찾지 않아 분실물 보관함에 쌓여 있는 물건들도 수두룩합니다. 아이들의 학교생활이 이런 모습이다 보니 아이가 물건을 자주 분실한다면 이런 일반적인 상황 때문일 수도 있고, 아니면 아이가 다소 주의력이 부족한 성격이어서 자주 잃어버리는 것일 수 있습니다.

그러나 최근에 아이의 생활에서 갑자기 분실이 너무 잦아졌다거나, 이와 동반된 어떤 변화가 감지된다면 먼저 학교폭력의 징후가 아닌지 의심해 봐야 합니다. 학교에서 분실 사고가 곧잘 발생한다고는 하지만 실제로는 약자에 해당하는 아이들에게 이러한 일이 일어날 경우가 더 많습니다. 힘이 약한 아이들을 함부로 대하듯 그 아이들 물건 역시 함부로 대하기 때문이죠. 아이의 허락 없이 함부로 낙서하고 찢고 오물을 묻히기도 합니다. 따라서 부모님께서는 아이에게 나타나는 변화를 좀 더 예민하게 관찰할 필요가 있습니다. 일반적인 상황이므로 주의 주고 말지, 아니면 폭력의 징후이므로 그냥 간과해서는 안 될 상황인지 선생님에게 아이의 학교생활을 상담하고 이를 진단해 보아야 합니다. 학교폭력의 징후임에도 부모나 교사가 이를 인식하지 못하고 아이를 탓하거나 무심코 지나가면 아이는 절망하고 좌절하여 마음의 문을 더 굳게 닫을 수 있습니다. 따라서 좀 더 세심하고 민감하게 의심해 보아야 합니다.

담임교사와 상의하고 협조를 구해야 합니다

그렇다면 문제는 이것을 폭력의 징후라고 판단할 때 어떻게 대처해야 할까입니다. 먼저 담임교사와 상담해야 합니다. 아이 문제와 상황은 담임교사가 가장 잘 파악하고 있습니다. 은밀하게 이루어지는 폭력 상황은 주로 교사의 눈을 피해 이루어지게 마련이지만 상황이 아무리 그렇더라도 아이들 평소 생활 모습과 문제점에 대해서는 담임이 가장 가까운 거리에서 확인하고 있기 때문입니다. 그래서 문제를 해결하는 데에 도움을 받기 쉽습니다.

그리고 교사를 적이 아닌 협조자로 만들어야 합니다. 상황을 정확하게 파악하지 못한 채 아이 말만 듣고 교사를 공격하면 교사 역시 방어적인 자세로 나옵니다. 이렇게 되면 문제는 해결하지 못한 채 오히려 서로 감정만 상하게 됩니다. 이처럼 폭력의 징후가 의심될 때는 가장 먼저 교사와 상의하고 협조를 구해야 합니다.

아이를 믿고 격려하며 함께 노력해야 합니다

　아이와 소통하고 아이 입장에서 함께 해결책을 찾아가는 것도 좋은 방법입니다. 괴롭힘을 당하고 있는 아이가 부모에게 그 상황을 솔직하게 이야기하는 것은 쉽지 않습니다. 부모 앞에서 자존심을 지키고 싶은 마음도 있을 것이고, 선생님이나 부모님께 이야기했을 때 해결할 수 있을 거라고 믿기도 어렵기 때문입니다. 이런 아이에게 사정을 잘 알지 못한 채 "제 물건 하나도 잘 챙기지 못하고 칠칠맞게 잃어버리고 다닌다"고 핀잔하는 것은 큰 상처가 될 수 있습니다. 아이도 그런 자신의 약점을 알고, 나름대로 문제를 해결하고 그 안에서 적응해 보려고 눈물겹게 노력하고 있는 중일 것입니다. 이러한 전반적인 상황에 대해 부모가 제대로 이해하는 것이 무엇보다 우선적으로 필요합니다. 부모는 아이 입장에서 아이의 힘든 상황을 걱정하고 이해해 주어야 합니다. 그리고 아이를 믿고 격려하며, 문제 상황을 해결하기 위해 함께 노력해야 할 것입니다.

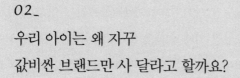

02_
우리 아이는 왜 자꾸
값비싼 브랜드만 사 달라고 할까요?

저희 집 형편이 그렇게 좋은 편이 아닌데 아이가 물건을 살 때 꼭 브랜드 제품만 사 달라고 합니다. 기본적으로 들어가는 생활비에 교육비만으로도 벅찬데 이런 사정은 전혀 고려하지 않고, 옷이며 가방이며 신발, 이런 것에서부터 엠피쓰리, 핸드폰까지 하나같이 값비싼 브랜드만 찾습니다. 저 역시 청소년기를 겪었기 때문에 비싸고 좋은 물건을 사용하는 친구들을 부러워하는 마음을 이해하지 못하는 건 아니지만, 이건 해도 해도 너무하다는 생각이 듭니다.

요새 애들이 대체로 이렇다는 이야기는 들은 적이 있지만, 도대체 왜 그러는지 정말 이해가 안 됩니다. 이런 아이 요구를 다 들어줄 수도 없고, 그렇다고 아예 안 사 줄 수도 없고 어디까지 이해하고 넘어가야 할지 잘 모르겠습니다.

아이들에게 브랜드 제품은 사용가치를 넘어선
상징적인 가치가 있습니다

최근 한 브랜드 외투가 사회적으로 크게 문제된 적이 있습니다. 거의 모든 학생들이 수십만 원에서 백만 원 가까이하는 외투를 교복처럼 입고 다닌다는 것이었습니다. 외투 가격에 따라 여러 등급으로 나뉘고, 외투 등급을 그 옷을 입은 아이 등급으로 보는 인식이 퍼져 아이들이 너나할 것 없이 비싼 A급 외투를 입고 싶어 했습니다. 특히 학교에서 따돌림이나 폭력을 당하는 아이들일수록 더욱 A급 외투에 집착했다고 합니다. 또 이 외투를 빌리고, 훔치고, 사고파는 과정에서 여러 범죄가 일어나기도 했습니다. 이쯤 되면 그저 하나의 청소년 문화 현상으로 보아 넘기기에는 뭔가 석연찮은 점이 있습니다.

왜 아이들은 이 옷에 그렇게 집착했을까요? 부모님에게 사 달라고 조르던 아이도 있지만 때로는 아르바이트를 해서라도 꼭 갖고 말겠다는 집착마저 보이는 아이들도 있었습니다. 이 옷에 이렇게 아이들이 목매는 이유는 보온이 잘 되고 방한이 잘 되는 기능적인 장점을 넘어선 뭔가 다른 게 있어 보입니다.

아이들에게 브랜드 제품은 사용가치를 넘어선 상징적인 가치가 있습니다. 우리 집은 이 정도쯤은 사 줄 수 있는 재력이 있고, 나도 이런 문화를 따를 만큼 감각이 있다는 것을 과시합니다. 그리고 무엇보다도 같은 옷을 입어 나도 너희와 한편이 되고 싶다는 의미를 내포합니다. 그래서 아이들은 같은 옷을 입는 행위를 통해 집단에 소속되고 집단 내에서 인정받는다고 생각합니다. 그러나 소유한다고 모든 문제가 해결되는 것은 아닙니다. 따돌림이나 폭력을 당하던 아이가 입는 경우에는 오히려 더 무시당하고 학교폭력의 표적이 되기도 합니다.

이와 같은 현상도 문제이지만 반대로 아이가 브랜드 제품에 너무 무심하다면, 혹시 집단 내에서 잘 적응하지 못하고 있는 건 아닌지 의심해 볼 필요도 있습니다. 가해자들은 모두가 하는 걸 하지 않는다는 이유를 따돌림의 구실로 삼기도 하기 때문입니다. 또 친구와 어울리지 못하는 아이는 그 아이대로 어차피 고립되어 브랜드 제품이 쓸모없고, 때로는 자신이 혼자인 걸 합리화하는 이유로 삼을 수 있기 때문에 그 흐름을 거부하기도 합니다.

값비싼 물건을 사 달라고 할 때 부모님들의 반응

아이들이 비싼 브랜드 제품을 사 달라고 했을 때, 부모님들은 크게 두 가지 반응을 보입니다. "공부도 안 하면서 왜 이걸 꼭 사 달라고 하느냐" 또는 "이번 시험에서 몇 등 안에 들면 사 주겠다"는 것입니다. 전자의 반응처럼 핀잔을 주면 아이들은 좀 더 졸라 보거나 아니면 아예 포기하고 입을 닫습니다. 또 부모님들은 대개는 후자처럼 반응하는데, 부모님들은 보통 아이들이 그 목표에 도달하지 못할 거라는 걸 이미 알고 있습니다. 이럴 경우 아이가 원하는 것을 얻지 못하는 것은 순전히 스스로 공부를 안 해서인 것처럼 됩니다. 아이가 부모님께 사랑

받는 것은 공부를 잘하거나 외모가 뛰어나서가 아닌데 이렇게 조건화된 사랑을 내세우다 보면 아이는 성적으로 인한 것보다 더 큰 좌절을 맛보게 됩니다. 따라서 조건을 다는 것은 그리 좋은 방법이 아닙니다. 조건을 달면 아이가 부모의 사랑과 보상을 구별하지 못하게 됩니다.

다음으로 부모의 심리적인 무관심을 돈이나 물건으로 보상하려는 경우도 있습니다. 바쁘다는 핑계로 아이를 돌보지 못하거나 늘 혼자 두는 미안함 때문에 필요 이상의 용돈을 쥐어 주거나 아이가 사 달라는 것을 다 사 줍니다. 마치 애완견을 기르듯이 아이를 기릅니다. 부모 자신의 무책임이나 무관심을 감추기 위해 물질 공세를 펴는 것이지요. 가정에서 부모의 사랑을 받지 못하기 때문에 더 또래 안에서 소속감을 느끼고 집단에서 인정받고 싶은 게 아닌지 따져 보아야 합니다. 이 경우 아이에게 물질보다는 부모님과의 감정 교류가 더 필요하고 우선이라는 것을 명심해야 합니다.

아이의 요구가 학교폭력 때문은 아닌지 먼저 파악해야 합니다

아이들이 브랜드 제품을 사고 싶어 하는 모습은 예전부터 있었습니다. 부모 세대에 비해 물질적으로 점점 풍족해지고 급변하는 사회에서 살아가는 요즘 아이들이 이러한 소비 욕구가 더 커진 것은 너무나도 당연해 보입니다.

여기서 중요한 것은 아이의 요구가 단순한 소비 욕구에 의한 것인지 아니면 이것이 혹시 학교폭력의 징후가 아닌지 정확히 파악하는 것입니다. 학교폭력의 징후가 맞다면 피해자 징후일 수도 있고 가해자 징후일 수도 있습니다. 학교폭력 상황에서 아이들이 서로 어울리기 위해 나타나는 현상입니다. 확실한 것은 아이가 사회적으로 압력을 받고 있다는 것입니다. 이 압력은 부모 세대가 겪은 것에 비해 훨씬 큽니다. 사회적 압력을 받고 있다는 것은 한편으로는 사회와 교류하고 있다는 반증이기도 합니다. 이런 아이들에게 부모가 도덕적인 잣대를 들이대거나 경제적 가치로 다가가면 아이는 입을 닫습니다. 아이의 소비 형태에 대해 부모가 너무 자유주의적으로 접근하는 것도, 너무 도덕적인 잣대를 들이대는 것도 올바르지 않습니다.

"너 요즘 다른 애들 신경 많이 쓰는구나!" 정도로 반응하면 어떨까요? 어떤 마음인지 다 알고 있다는 것을 표현하는 것이죠. 아이는 부모로부터 이해받고 있다는 느낌도, 간파 당했다는 생각도 들 것입니다. 아이에게 옳다 그르다 혹은 경제적 가치를 말하기 앞서 아이와 소통할 수 있도록 대화의 물꼬를 터야 합니다. 아이가 현재 어떤 상태인지, 무슨 생각을 하는지 함께 소통하는 것이 중요합니다. 아이의 요구를 어디까지 들어줄지, 지켜야 할 선은 어디까지인지 등의 해결책은 아이와 대화 속에서 함께 찾아볼 수 있을 것입니다.

03_
사소한 이유를 대면서
자꾸 학교에 가지 않으려고 합니다.

중학교 1학년 남자아이인데 아주 사소한 이유를 대면서 학교에 가기 싫다고 합니다. 친구들이 자꾸 별명을 부르거나, 뒤에 앉은 아이가 자꾸 등에 종이를 붙여 놓는다거나, 공부를 못하게 떠든다고 하소연합니다. 또 뒤에서 찌르기도 하고 가끔 물건도 훔쳐가고 자기 말을 무시한다고도 합니다.

사실 초등학교 때에도 사소하고 애매한 문제로 불평하면서 학교에 가지 않으려고 한 적이 있었습니다. 초등학교 고학년 때는 지각과 결석한 이유가 따로 있는데 친구가 괴롭힌다고 핑계를 대기도 했습니다. 결국 선생님께 말씀드려 한 가지 문제를 해결해 놓으면 또 다른 문제를 들어서 학교 가기를 거부하는 경우가 더욱 잦아졌고, 나중에는 무턱대고 학교에 가지 않겠다고 거부했습니다.

학교생활에 흥미를 잃은 우리 아이에게도 문제가 있지만 분명히 뭔가 반 아이들이 우리 아이를 힘들게 하는 게 있는 것 같습니다. 그러나 더 이상 문제를 삼을 만한 명확한 꼬투리도 없고, 반복된 등교 거부 문제 때문에 이젠 담임선생님에게 달리 드릴 말씀도 없습니다. 어떻게 해야 할까요?

이런 학생들이 생각보다 아주 많습니다

위와 같은 문제를 호소하는 학생들이 생각보다 많습니다. 제가 알던 아이는 고등학교 1학년이었는데, 당시 아주 사소한 일로 학교에 나오지 않으면서 친구들이 괴롭힌다고 호소했습니다. 어머니가 일본인이었던 이 아이는 다른 친구들과 전혀 소통하지 않았습니다. 이처럼 철저히 고립되어 있었고 숨기고 싶은 환경에 놓인 아이는 친구들이 곁에 다가오는 것을 극도로 경계했습니다. 같은 반 친구들도 그 사실을 알고 가능하면 자극하지 않으려다 보니 오히려 뒤에서 말을 하게 되고, 또 친구들의 그런 태도에 아이는 민감하게 반응했습니다. 그래서 자신과 아무 상관없는 일로 교실에서 친구들이 웃고 떠들어도 자주 오해했고, 선생님이나 반 친구들이 자신에 대해 한마디만 해도 학교에 나오지 않으려고 했습니다. 상담해 보니 어머니가 일본인이라는 이유 때문에 학급 전체 학생들로부터 멸시당한 경험이 있었습니다. 자신은 엄마 문제부터 시작해서 모든 게 친구들과 다르다고 여겼고, 이 생각으로 스스로를 괴롭혀 왔던 것입니다. 반 아이들이 모두 자기를 놀린다는 학생의 호소가 비록 직접적인 괴롭힘은 아니었지만 집단 최면처럼 그 학생을 감옥에 가두어 버렸던 것입니다.

또 다른 경우도 있었습니다. 당시 고등학교 2학년이었던 이 학생은 중학교 때 폭력과 따돌림을 당한 경험이 있어서 조금이라도 교실에서 자신에게 위해를 가할 분위기가 느껴지면 학교에 나오지 않고, 나왔다가도 돌아가 버렸습니다. 새아버지와 함께 살아 집에서도 자신의 고민을 털어놓을 수 없었던 이 학생은 가정과 학교에서 문제가 발생하면 상황을 피해 버리는 방법을 늘 택하곤 했던 것입니다. 그런데 이 학생과 상담해 본 결과 피해 의식에 젖어서 상황을 민감하게 받아들이는 경우도 있었지만 아무에게도 도움 받지 못했던 자기 자신을 지키기 위해 항상 촉각을 세우고 있었으며, 많은 경우 그 학생의 예상이 맞는 경우가 많았다는 것을 알 수 있었습니다. 힘센 친구들이 싸울 기미가 보이면 불똥이 자기에게 튈까 봐 학교에서 도망가 버리고, 복장 검사를 하는 날이면 교복을 제대로 갖춰 입지 않은 껄렁껄렁한 아이가 제 옷을 빼앗아 입을 걸 예상하고, 그런 일을 당해서 자존심이 구겨지느니 차라리 도망가 버리거나, 수학여행 때도 돈을 빼앗길까 봐 아예 가시 않으려고 했습니다.

마지막으로 중학교 1학년 학생의 경우인데, 고지식한 이 학생은 자신이 생각하는 도덕적 기준에서 벗어나면 다른 학생들을 무조건 무시하거나 직설적으로 비난했습니다. 힘도 센 편이었고, 성적도 꽤 좋은 학생이었는데 늘 괴롭힘을 호소했습니다. 자기 앞에 일부러 와서 교실 바닥에 상습적으로 침을 뱉는다거나, 자기에게 하는 욕은 아니지만 이상한 욕을 자기가 들리도록 의도적으로 하곤 한다거나 보란 듯이 코딱지를 파 대는 것이 너무 싫어서 학교에 가기 싫다는 말을 자주

했습니다. 폭력 사건은 없었지만, 암묵적으로 교실에서 이 학생을 따돌리는 것이 분명해 보였습니다.

　세 학생의 예를 들었는데, 교실에는 이와 같은 학생이 한 반에 한두 명씩은 꼭 있습니다. 생각보다 이러한 학생이 많은 것입니다. 어머니 아이도 사소하지만 따돌림을 당하고 있는 학생으로 보입니다. 그리고 그 후유증으로 학교생활에 흥미를 잃고 무기력증에 빠져 있는 것처럼 보입니다.

아이 눈높이에서 문제를 정확히 바라보아야 합니다

　아이가 위와 같은 모습을 보일 때 이것만은 주의하고 조심해야 합니다. 학교에 가기 싫다고 둘러대는 이유가 가끔 거짓말일 수는 있지만 다른 아이들이 괴롭히고 있다는 것조차 거짓은 아니라는 점입니다. 남들이 보기에는 사소하고 별거 아닐 수 있지만 이 학생은 학교에 나가기 싫을 만큼 힘들었을 것입니다.

　학생들은 저마다 조금씩 다릅니다. 학생들이 모두 같다면 이와 같은 문제를 지속적으로 제기하는 학부모나 학생이 공연히 문제를 만들고 있다고밖에 다른 결론을 내릴 수 없습니다. 그러나 학생들을 모두 다르게 보고 아이의 인성적 특성을 감안하여 본다면 맞는 말이 될 수도 있습니다. 고통을 호소하는 눈높이로 바라보면 문제가 보일 수 있다는 겁니다. 실제로 어려움을 느꼈기 때문에 어려움을 호소하고 있으며, 아이의 입장에서 절실한 문제를 제기한 것으로 볼 수도 있는 겁니다. 간혹 학생들이 주장하는 것과 실제 일어난 일이 다를 수는 있지만, 학생이 뭔가를 숨기고 핑계를 대는 것은 자신의 자존심을 지키려고 한 행동이거나 아이의 상상 속에서 일어난 일일 수도 있습니다.

객관적인 시선으로 괴롭히는 행위에 따라 괴롭힘의 경중을 가려 볼 수도 있겠지만, 보다 중요한 것은 괴롭힘을 당하는 이이 입장에서 문제를 바라봐야 한다는 것입니다. 괴롭힘 당하는 당사자가 마음의 상처를 입었다면 아무리 사소한 행위라도 괴롭힘이 될 수 있습니다. 괴롭힘을 당하는 아이는 보통 사회성이 떨어지거나 심리적으로 위축되어 있는 경우가 많습니다. 그리고 전에도 심하게 피해를 입은 경험이 있는 경우가 대부분입니다. 이러한 학생들은 관계를 맺는 방식이 다른 학생들과 좀 다를 수 있습니다. 그러나 사회성이 떨어진다고 모두 상대방의 행위를 끝까지 오해하지는 않습니다. 아무리 사회성이 떨어지더라도 자신을 괴롭히는 것과 그렇지 않은 것을 구별할 수는 있다는 뜻입니다. 다소 예민하고 다른 사람과 다르게 융통성이 부족해 보이지만 괴롭히지 않는데, 두 번 세 번 괴롭힘을 호소하지는 않습니다.

담임선생님께 요청해야 할 일

그럼 사례별로 나누어서 담임교사한테 부탁할 수 있는 일들을 알려 드리겠습니다. 어머니께서도 읽어 보고 아이 경우에 적용할 수 있는 내용이 무엇인지 참고하시기 바랍니다.

처음 사례인 고등학교 1학년 학생의 경우는 교실에서 마음을 털어놓을 수 있는 친구를 만날 수 있도록 분위기를 만들어 주어야 하는데, 이런 문제는 담임교사가 할 수 있는 일이기 때문에 담임교사와 긴밀하게 상의하고 필요한 사항을 요청해야 합니다. 다문화 가정에서 자라서 스스로를 고립시키는 것처럼 보이는 그 학생의 예민한 행동은 외로움에서 비롯된 것 같습니다. 친구들에 대한 잦은 오해와 툭하면 교실을 박차고 나가 버리는 행동도 외로움에 대한 호소로 보입니다. 이처럼 외로움에 대한 호소와 그 외로움을 들키고 싶어 하지 않는 마음이 다양한 문제 행동으로 드러나는 경우가 있습니다. 자녀가 학교에서 속마음을 털어놓는 친구가 거의 없이 고립되어 있다면 무엇보다도 교실에서 친구를 만들어 줄 수 있는 방법을 찾아야 합니다. 급우 관계에 도움을 줄 수 있는 방법을 담임선생님과 함께 찾아보고 적극적으로 요청하십시오.

그리고 아이가 불안과 피해망상으로 학교생활에 어려움을 보였던 두 번째 학생의 경우와 비슷한 유형이라면, 교실에서 조성되는 폭력적이고 위압적인 분위기를 중지시킬 수 있도록 담임교사에게 요청해야 합니다. 아이 마음속에 이는 불안과 피해 의식은 초등학교 중학교를 거치면서 폭력적인 교실 문화를 겪으면서 생긴 마음의 상처입니다. 이미 불안의 정도가 심하고 피해망상의 증상까지 보인다면 자기 자신에 대한 직접적인 폭력뿐만 아니라 조그마한 불씨만 있어도 결국 그 불길이 자기 자신을 향하게 된다는 것을 약자로서 두려워하지 않을 수 없을 것입니다. 그렇기 때문에 아이에 대한 직접적인 폭력을 중지시키는 차원을 넘어 교실 분위기 자체를 변화시켜야 한다고 담임교사에게 요청해야 합니다. 아이의 상황에 대해서 객관적으로 진단하고 구체적으로 담임과 상의한다면 담임교사도 충분히 수긍할 수 있을 것입니다.

마지막 사례인 중학교 1학년 학생의 경우는 반 친구들과 소통이 부족해서 서로 감정적인 골이 깊어져 버린 경우입니다. 자녀가 이와 같은 유형이라고 판단하셨다면 담임선생님께 부탁해서 아이가 반 친구들과 소통할 수 있도록 도와주어야 합니다. 친구들의 행동 방식이 각자 다르다는 것을 아이를 앉혀 놓고 이야기해도 쉽게 납득하지 못할 것입니다. 그리고 자기와 다른 친구들의 방식에 불쾌하게 반응했었기 때문에 다른 친구들도 아이에 대해서 공격적으로 대하는 일이 많았던 것도 사실일 것입니다. 그래서 더욱 더 모든 것을 자신을 공격하기 위한 행동으로 받아들이게 될 것입니다. 그러므로 이 문제는 갈등을 키워 온 과정에 대해서 서로 이야기하고 풀어 나갈 수 있는 계기를 담임에게 만들어 달라고 요청해야 합니다.

한 가지 더 생각해야 할 일이 있습니다. 갈등을 조정하고 화해를 이끌어내기 위해서는 먼저 진실이 밝혀져야 합니다. 그런데 생활 방식의 차이로 단순하게 결론을 내린다면 적당히 상황을 무마할 수는 있어도 완전하게 화해를 이끌어 내기는 힘든 법입니다. 남 앞에서 침을 뱉는다거나 큰소리로 떠든다거나 남을 배려하지 않고 별명을 부르는 일은 옳지 않습니다. 비록 상대방을 괴롭힐 의도가 아니었다고 하더라고 권장할 만한 일은 아닙니다. 평화롭고 화목한 분위기를 만들기 위해서는 모든 것을 생활 방식의 차이로 대충 넘겨서는 안 되는 일입니다. 이런 의견을 분명히 담임에게 전달한다면 나머지 일은 담임교사가 책임질 수 있을 것입니다.

04_
늘 맞고 들어오는 아이,
싸움이라도 가르쳐야 할까요?

저희 아이는 초등학교 6학년 남자아이입니다. 초등학교 2학년 때부터 맞고 들어오기 시작하더니 점점 자신감도 없어지고, 친구도 없이 혼자 지내기 시작했습니다. 물론 학교에서 일어난 일에 대해서도 말하지 않습니다. 남자아이들이 원래 나이를 먹으면 집에 와서 말을 잘 안 한다고는 하지만, 아이는 제가 하나하나 구체적으로 물어봐도 대답을 피합니다. 사교성이 좀 부족하고 약삭빠른 성격은 아니지만 체격도 작은 편이 아니어서, 이렇게 아이들에게 맞고 다니고 외톨이로 지낼 줄은 몰랐습니다.

처음 맞고 들어왔을 때부터 제 나름대로 해야 할 일을 안 해 본 게 아닙니다. 처음에 맞고 들어왔을 때는 속상했지만 제가 너무 과민하게 반응하거나 나서게 되면 오히려 아이가 스스로 문제를 해결하는 길을 찾지 못한다는 조언에 꾹꾹 눌러 참았습니다. 아이의 대응 방식이 약간 미숙한 것 같았지만 지켜보다가 나중에 어떻게 했냐고 물으니 그 친구가 사과했고 잘 지내기로 했다고 해서 그냥 넘겼습니다. 두 번째 맞은 것을 알게 되었을 때부터는 상황을 심각하게 고민했지만 속수무책이었습니다. 아이에게 물어봐도 제대로 대답하지 않고, 스스로 알아서 한다고만 했습니다. 저 역시 점점 불안해졌지만, 나서서 문제를 해결할 자신도 딱히 없었습니다.

친구가 부당하게 욕을 하거나 싸움을 걸면 같이 싸워도 된다고 말해 줘도 아이는 그럴 의사가 없습니다. 친구랑 싸우는 짓은 폭력을 쓰는 것이고, 그렇게 하면 선생님께 혼난다고 말합니다. 담임선생님께 찾아가서 말씀도 드려 보았지만 별로 좋아지지 않았습니다. 친구가 부당하게 대했을 때 대응하는 방법도 나름대로 가르쳤습니다. 부당할 때는 먼저 경고하고, 그래도 계속하면 자신도 때릴 수 있음을 경고하고 마지막에는 싸워도 좋다고 가르쳤습니다. 그리고 힘으로 이길 수 없다고 판단되면, 선생님이나 어른들에게 말씀드리는 것도 비겁한 행동이 아니라고 여러 번 설명해 줬습니다.

상황이 점점 악화되고 어떻게 대처해야 할지 막막해지자 이성적인 대응보다는 감정이 앞서기 시작했습니다. 때린 아이 부모님과 싸우기도 하고, 학교에 찾아가서 항의하기도 했습니다. 태권도장에도 계속 보냈고, 성적이 좀 오르면 좀 나아질까 해서 공부도 시켜 보고, 아이가 노래를 곧잘 부르니 학예회에 나가 노래하도록 해 보았지만 별로 나아지지 않습니다.

금쪽같은 자식이 그 지경인데 부모로서 뭘 못했겠습니까? 제가 해야 할 일을 다 했다고 생각하는데 왜 이 지경이 되었는지 모르겠습니다. 어떻게 해야 할까요?

아이를 믿고 마냥 지켜보기보다 적절한 개입이 필요합니다

부모님의 안타까움과 걱정이 고스란히 전해져 옵니다. 학교폭력은 아이의 삶뿐만 아니라 부모님의 삶도 파괴해 놓는 것 같습니다. 부모님께 먼저 묻고 싶은 것은 그동안 아이의 상처 입고 뭉개진 자존심을 어떻게 위로해 주셨는가 하는 것입니다. 상처받은 아이는 머리와 마음이 혼란스러울 것입니다. 왜냐하면 마음 한편으로는 위로받고 싶지만 다른 한편으로는 자존심 때문에 아무도 자기가 맞은 사실을 몰랐으면 하는 마음도 있을 것이기 때문입니다. 왜 아이가 말을 안 할까요? 혹시 조급한 마음에 아이 마음을 위로하고 자존심을 지켜 주려는 세심한 배려 없이 이럴 땐 이렇게 대처하라고 아이에게 성급하게 주문하지 않았는지 되돌아보십시오. 아이의 마음을 안정시키지 않고 이 것저것 대처 방법을 이야기하면 오히려 아이는 '부모님마저 나를 못난 놈으로 보는구나!' 하고 느낄 수 있습니다. 심지어 많은 부모님들이 "병신처럼 맞고 다니냐?" 하고 화를 내기도 합니다. 이 경우 아이의 충격은 배가 됩니다. 세상이 잘못되었다고 그래서 억울하다고 생각하고 있었는데 부모님마저 세상이 문제가 아니라 자신의 문제라고 해 버리기 때문입니다. 집 밖에서도, 집 안에서도 자기편은 하나도 없고 세상에 혼자 내버려진 듯한 느낌을 받게 됩니다.

그렇다고 아이를 그냥 두셔도 안 됩니다. 심리적으로 두려움에 떨거나 자존심에 상처를 입어서 자신감을 상실한 아이가 혼자서 사태를 해결할 마음자세가 아닌데도 그대로 지켜보기만 하는 것도 아이에게 상처를 줄 수 있습니다. 아이가 스스로 문제를 해결하게 하는 것은 원칙적으로 틀린 판단은 아니지만, 마음에 상처를 입은 아이가 단시일 내에 스스로 문제를 해결하기를 바라는 것은 대부분 사태를 그냥 키우는 결과를 낳을 수 있습니다. 아이 스스로 문제를 해결하게 하더라도 아이가 마음의 안정을 찾고 자신감을 회복할 수 있도록 부모님이 침착하게 마음으로 안아 주셔야 합니다.

상처 입은 아이에게는 "그래, 힘들었겠구나!" 하고 그 마음을 읽어 주고 어루만져 주는 것이 큰 힘이 됩니다. 부모와 소통하는 과정이 바로 세상과 다시 소통을 시도하는 출발인 것입니다. 문제 발생 초기에 아이의 마음을 부모가 위로해 주지 못하면, 즉 아이가 세상과 소통하도록 도움을 주지 못하면 아이는 마음의 문을 굳게 닫아 버립니다. 그렇게 되면 부모나 교사가 개입할 수 있는 길이 막혀 버리게 됩니다.

부모님 자신도 반성하는 시간을 가지십시오

보통 우리 스스로는 변화하지 않으면서 다른 사람들에게는 이렇게 저렇게 하라고 쉽게 이야기합니다. 그러나 아이에게 가장 좋은 가르침은 부모님이 그러한 삶을 사는 본보기를 보여 주는 것입니다. 자신은 변하지 않은 채 아이에게 어떻게 하라고 채근할 것이 아니라, 아이와 고통을 함께한다는 마음으로 자신이 먼저 변하는 모습을 보여 주는 겁니다. 그러면 변화가 쉽지 않다는 것을 경험하게 되실 것입니다. 이처럼 아이를 바라볼 때 '누굴 닮아서 저렇지' 하는 눈빛으로 보지 말고, 자신이 먼저 변화하는 모습을 보여 주고 좀 느긋하게 믿음을 가지고 기다려 주는 것이 중요합니다. 당장 아이가 변화하는 것을 기대하지 말아야 합니다.

또 집안 분위기를 점검해 보는 것도 필요합니다. 아이가 맞고 들어와서도 말을 못하는 집안 분위기가 바로 문제의 출발점일 수 있습니다. 집에서 혹시 자녀의 의견을 무시하거나 형제들 사이에서 따돌림은 없는지 냉정하게 되돌아보십시오. 맞고 들어와서도 말을 못하면 부모도 답답하지만 아이의 마음은 더 막막합니다. 문제 해결의 첫 걸음은 아이의 마음을 열어 주는 것입니다. 아이의 마음을 열어 주는 일이 아이가 스스로 문제를 해결하는 길을 터 주는 길입니다. 이것이 표면적으로 아이의 문제에 부모님이 개입하고 안 하고의 문제보다 더 중요합니다.

아이에게 무엇을 가르쳐야 할까요?

아이 마음을 안정시키고 아이가 부모님 말을 심리적 동요 없이 받아들인다고 판단하면 아이가 할 수 있고, 꼭 해야 하는 것들에 대해서 가르쳐 줘야 합니다. 먼저 상대방에게 자신의 의사를 분명히 표현하도록 가르쳐야 합니다. 누가 부당하게 자기를 때리거나 위협할 때 "멈춰", "때리지 마", "자꾸 하면 나도 때리겠어" 등 짧지만 단호하게 표현하도록 가르쳐야 합니다. 그리고 필요하면 "선생님께 말씀드리겠어", "경찰에 신고하겠어"와 같이 경고하고 실제로 그렇게 하도록 가르쳐야 합니다. 또한 폭력을 쓰려는 사람에게 맞서 싸우는 것은 나쁜 게 아니라는 것도 일깨워 줄 필요가 있습니다.

이때 아이에게 이렇게 하라고 말로 가르쳐도 아이들은 대부분 실제 생활에서는 그런 말이 입 밖으로 나오지 않습니다. 두려움으로 위축된 아이에게 용기를 줘야 합니다. 가능하면 부모님의 경험을 솔직하게 들려주십시오. 그런 일을 당했을 때 마음과 대처 과정에서 겪은 갈등을 이야기해 주면 아이가 용기를 얻을 것입니다. 부모 자식은 기질도 비슷한 경우가 많습니다. 그래서 부모님의 경험을 아이에게 들려주면 도움이 됩니다. 부모님이 학창시절 다른 학생으로부터 폭력을 당했고, 잘못 대처해서 더욱 힘들었던 경험이 있다면 그 이야기를 가감 없이 해 줘서 무엇이 잘못이었는지 알게 하는 겁니다. 폭력을 당한 경험이 없다면 부모님이 학창시절 목격한 일이라도 이야기해 주세요. 그럼 아이는 부모와 자기 자신이 비슷한 처지라고 생각하면서 부모의 경험으로부터 질곡에서 벗어날 탈출구를 찾으려 할 것입니다.

아이를 둘러싼 교실과 교우 관계 환경을 바꾸려는 노력도 함께해야 합니다

집에서는 호응 받지만 학교에서는 배척받는다면 아이의 자신감에 문제가 생길 뿐 아니라 세상을 무서워하게 됩니다. 아이가 맘 놓고 자기 목소리를 낼 수 있는 집 안팎의 공간이 필요합니다. 그러기 위해서 가장 먼저 담임선생님과 상의해 교실 환경을 의도적으로 변화시킬 필요가 있습니다. 부모가 담임교사에게 이러한 내용에 대해 상담하고 담임의 도움을 요청하는 것은 지극히 정당한 일이고, 부모로서 꼭 해야 할 일입니다.

먼저 아이가 자신감을 회복할 수 있도록 교실 환경을 우호적인 환경으로 바꿔 줄 방법을 담임교사와 상의해 보십시오. 자녀가 잘할 수 있는 것(노래, 운동, 그림, 특정 과목 공부 등)을 찾아보고 반 아이들 앞에서 아이가 자신의 능력을 발휘할 기회를 만들어 주는 것도 좋은 방법입니다. 그리고 아이의 긍정적인 측면에 대해서 담임교사와 부모가 지속적으로 칭찬해 줘도 좋습니다. 이렇게 자신감을 심어 주면 지켜보는 친구들이나 괴롭힘을 당하는 당사자 모두 심리적으로 변화하게 될 것입니다.

그리고 친구를 사귈 기회를 만들어 주는 노력도 필요합니다. 자신을 지키기 위한 가장 좋은 방법이 무리지어 다니는 것입니다. 부모님은 자녀의 친구를 집으로 초대하거나 친구와 같이 어울릴 수 있는 물리적·정신적 환경을 보장해 주십시오. 담임선생님께도 자녀가 친구를 사귈 기회를 만들어 달라고 요청하십시오. 모둠 활동이나 자리 배치 등 각종 학급 활동을 통해서 얼마든지 친구를 사귈 우호적인 환경을 담임이 조성해 줄 수 있습니다.

그리고 교실 분위기를 평화롭게 바꾸려는 꾸준한 노력이 같이 병행된다면 아이가 자신감을 찾는데 많은 도움이 될 것입니다. 당하는 아이는 사회성이 부족한 아이가 대부분인데, 교실 환경을 변화시키지 않는다면 그 아이를 배척하는 분위기로 흘러가게 마련입니다. 그러나 약자를 배려하고 자신과 다른 학생을 포용할 줄 아는 정의로운 교실 분위기를 만들어 간다면 아이에게 많은 도움이 될 것입니다.

05_
우리 애는 왜 학교에서 있었던 일을
부모에게 말하지 않을까요?

　저희 아이는 어렸을 때는 말도 잘하고, 뭐든 부모와 상의하고 숨기는 것이 없었는데 언제부터인가 학교에서 일어난 일을 말하지 않습니다. 사소한 일은 말하지만 심각한 일, 친구에게 맞았다거나 하는 일에는 입을 굳게 다물어 버립니다. 누가 괴롭히면 말을 해야 대책이라도 세울 텐데 도무지 답답합니다. 물어보면 버럭 화부터 냅니다.

　분명히 누구에게 맞은 것 같은데, 물어보면 그런 게 아니라고 합니다. 목욕하는데 멍 자국이 있어서 놀라서 물어보면 넘어졌다고 둘러댑니다. 그런데 이상한 것은 말로는 아니라고 하지만 아이 표정을 보면 시무룩하고 의욕도 없어 보인다는 것입니다. 머리가 아프다고 하거나 학교 가기 싫다고 하고, 뭔가 문제가 있다는 표정을 수없이 지으면서도 막상 물어보면 아무 일도 아니라니 답답하기만 합니다. 심지어 누구에게 맞았다고 학교에서 연락이 오고 누가 봐도 때린 게 분명한데도 아니라고 자꾸 우깁니다. 선생님이 잘못 알고 연락한 거라는 겁니다. 맞은 게 아니라 장난하다 다쳤다고 둘러대기도 합니다. 얼마 전에는 아이가 심각하게 맞은 일을 알게 됐는데 절대로 끼어들지 못하게 막고, 자기가 알아서 한다고 우겼습니다. 어떻게 할 거냐고 물어보면 뚜렷한 대책 없이 그냥 자기에게 맡겨 두라고만 합니다.

　돈도 부쩍 많이 쓰고 거짓말해서 돈을 타 가는 것을 보면 누구에게 빼앗기거나 아니면 친구들에게 필요 이상으로 뭘 사 주고 다니는 것 같은데, 도무지 말을 하지 않습니다. 필요 없는 헌 물건을 사 와서 돈을 달라는 때도 있었습니다. 눈치를 보니 친구 애가 강요해서 억지로 돈을 주고 물건을 산 것 같습니다. 왜 샀냐고 물어보면 자기가 필요해서 싸게 샀다고 하지만 그 물건을 사용하는 것 같지도 않습니다. 말을 해야 내가 나서서 해결하든, 학교에 이야기하든 할 텐데, 말을 안 하니 답답하기만 합니다.

부모에게 말하는 것 자체가 자존심에 상처를 입는 일입니다

　아이들은 자기가 가장 믿고 사랑하는 부모에게 잘 보이고 인정받고 싶은 욕구가 강합니다. 인정받고 싶은 대상인 부모에게 자기의 밑바닥을 보여 준다는 것은 쉬운 일이 아닙니다. 보여 주는 것 자체로 자존심이 완전히 구겨지는 일일 것입니다. 그렇기 때문에 대부분의 아이들이 괴롭힘을 당해도 부모에게 숨기게 되는 것입니다. 자신의 자존심뿐 아니라, 이런 일이 있으면 부모님이 상처받을 것을 염려하는 마음도 작용합니다.

괴롭힘을 당하고 있는 자녀가 집에 와서 부모와 상의하게 하려면 다그쳐 묻기보다는 힘센 다수가 괴롭히면 누구나 맞을 수밖에 없고, 부모님도 학창시절 힘센 아이로부터 맞은 경험이 있었다고 평소에 자녀에게 이야기해 줄 수 있어야 합니다. 그래야 아이가 자신의 이야기를 쉽게 할 수 있습니다. 아무리 강한 사람이라도 한 번쯤은 맞은 경험이 모두 있다는 것을 아이에게 말해 주이야 혼자만 맞고 다닌다는 수치심에서 벗어날 수 있습니다.

대처 방법에 대해 성급하게 주문하거나 질책하지 마십시오

아이가 맞고 들어왔을 때 부모는 아이에게 먼저 상황에 대해 꼬치꼬치 묻고는 "그럴 땐 이렇게 했어야지" 하며 아이의 잘못된 대응에 대해 하나하나 지적하는 경우가 많습니다. 그런데 이야기를 듣는 아이 입장에서는 자신이 잘못해서 맞았다고 질책하는 것이라 여깁니다. 아이는 맞고 들어와서 위로받고 싶은데, 부모는 "네가 잘못 행동해서 맞을 만한 빌미를 제공했다"고 말하고 있는 것처럼 들립니다. 많은 부모들이 "병신처럼 맞고 다니느냐"는 표정을 짓거나 심지어 아이에게 화를 내며 이러한 말을 퍼붓기도 합니다. 다른 학생에게 맞은 상처보다 부모의 말이 더 상처가 될 것입니다.

그리고 아이에게 앞으로 이렇게 저렇게 하라고 주문하는데, 이러한 요구도 아이의 자존심을 상하게 합니다. 너는 그런 것도 혼자 할 수 없냐는 말로 알아듣습니다. 사실 아이는 부모가 말하는 대처 방법을 몰라서 안 하는 게 아니라 용기가 없어서 그렇게밖에 하지 못하는 것인데, 부모가 이런저런 주문을 하면 용기 없는 자신의 모습이 더욱 비참하게 느껴집니다.

질책이나 주문보다는 누구나 때리면 맞을 수 있고, 맞은 사람은 잘못이 없음을 이야기해 아이 마음을 따뜻하게 받아 주십시오. 부모가 설령 그러한 상황이 화가 나고 힘들더라도 동요하지 말고 침착하게 행동해야 아이의 마음이 안정을 되찾습니다. 안정을 되찾아야 상황을 극복할 용기도 생기고 부모와 소통할 수 있습니다. 일단 부모와 소통하게 된 뒤에는 부모가 아이에게 긍정적인 도움을 줄 통로를 확보한 것으로 볼 수 있습니다.

성급하게 일을 확대시켜 아이를 난처하게 만들지 마십시오

흥분한 부모들이 쓸데없이 일을 크게 만들어 오히려 자녀를 난처하게 만드는 경우가 많습니다. 요즘 학교폭력은 과거 어떤 학생이 다른 학생에게 우발적이고 일회적인 폭력을 행사하던 것과는 질적으로 다릅니다. 피해 학생은 학급 내 생존 경쟁에서 밀렸고, 이러한 결과가 폭력 피해로 나타납니다. 그렇기 때문에 외부에서 부모와 교사가 개입한다고 하더라도 표면적으로 폭력이 중단될 수 있을지 모르지만 교실의 사회적 관계에서 아이는 더욱 고립될 것이 뻔합니다. 오히려 보복

폭력을 부르는 경우가 더 많기도 합니다.

성급하게 개입하여 일을 확대시키지 말고 차분하게 대처해야 합니다. 아이들은 이런 상황을 우려해서 부모에게 숨깁니다. 그렇다고 부모가 개입할 수 있는 방법이 전혀 없다는 뜻은 아닙니다. 제대로 알고 개입해야 한다는 뜻입니다. 먼저 아이와 충분하게 소통하는 것이 중요합니다. 아이와의 소통이 개입의 출발이자 끝입니다. 충분히 아이와 소통하고 나면 방법을 찾을 수 있습니다. 담임교사와 아이가 우려하는 여러 가지 상황에 대해 논의해 가면서 차분하고 냉정하게 대처하십시오.

가정에서 아이를 구박하고 따돌리지 않았는지 점검해 봅시다

아이가 맞고 들어오면 아이의 교우 관계와 행동 방식에 대해 살펴보기 전에 먼저 냉정하게 되짚어 볼 것이 있습니다. 가족 사이에서 아이가 소외되거나 일방적으로 무시당하지 않았는지 반성해 봐야 합니다. 대부분 따돌림 당하거나 맞고 다니는 학생은 어수룩하다거나 특정한 생활 태도 문제 때문에 가정에서 형제 사이에 따돌림 당하는 경우가 대부분입니다. 분명히 부모가 그 아이를 구박하고 형제로부터 따돌림 당하며 살고 있을 수 있습니다. 이러한 문제를 고치지 않고 아이에게 맞지 않도록 하기 위해서 이렇게 저렇게 행동하라고 주문하는 것은 모순입니다. 가장 가까운 가족들이 아이를 구박하고 있는데, 남들이 아이를 때리는 것만 문제 삼는다면 맞고 다니는 아이는 어떻게 받아들일까요?

06_
나쁜 친구들과 어울리며
아이가 이상해졌어요.

저희 애는 중학교 3학년 남자애입니다. 아무 일없이 학교에 잘 다녔는데, 지금 어울리는 친구들을 만나고 나서부터 아이가 이상해졌습니다. 제게 말을 하지 않으려고 하고, 말도 듣지 않을 뿐더러 대들기도 합니다. 어렸을 때는 착한 아이였고, 비록 공부는 잘하지 못했어도 친구를 괴롭히지는 않았습니다. 그런데 지금은 그 애들이랑 어울리면서 다른 애들을 때리기도 합니다. 친구들과 어울리다보니 어쩔 수 없이 분위기에 휩싸여서 때린 게 분명합니다.

모든 게 변해 버렸습니다. 성격도 이상해지고 생활 습관도 불성실하게 바뀌고, 하고 다니는 꼴을 봐도 도무지 학생답지 않습니다. 머리 모양도, 옷 입는 것도 다 맘에 안 들고, 심지어 술 먹고 담배까지 피우고 다닙니다.

어울려 다니는 친구들도 하나같이 이상해 보이더군요. 머리 모양부터 시작해서 하는 말투까지 도무지 학생답지 않은 친구들뿐입니다. 모든 게 친구를 잘못 만나서 그렇다고 생각하고 친구들을 못 만나게 했더니 집에 안 들어오는 날이 점점 많아졌습니다. 어쩔 수 없이 친구들과 밖에서 놀지 말고 집에서 놀라고 했더니 밖에 나가서 노는 것은 좀 줄었는데, 껄렁껄렁한 친구들이 찾아와 밤늦도록 가지 않거나 자고 가겠다고 해서 난처합니다. 언제부터인가 가출도 하고 남들 돈도 빼앗거나 부모 몰래 오토바이를 사서 숨겨 놓고 타고 다녀서 한시라도 아들놈이 눈에 보이지 않으면 불안해서 더욱 잔소리를 하지 않을 수 없습니다.

친구랑 떼어 놓으면 원래 모습으로 돌아올 것 같은데, 도무지 떼어 놓을 방법이 없습니다. 다 큰 자식을 가둬 둘 수도 없어서 이사를 해 볼까, 전학을 시켜 볼까, 여러모로 생각하고 고민해 봤지만 뾰족한 수가 없었습니다.

또래 집단 안에서 성취감을 느끼는 아이 심리에 주목하세요

아이의 갑작스러운 변화에 많이 당황스러우셨겠네요. 꼭 친구가 원인은 아니더라도 청소년기를 거치면서 성격 면에서 극심한 변화를 겪는 학생들을 많이 보게 됩니다. 말씀하신 것처럼 아이가 친구와 어울려서 완전히 사람이 달라졌다면, 아이가 속한 또래 집단이 아이에게 심리적으로 뭔가 해 주는 게 있는 것입니다. 많은 위안을 받았을 수도 있고, 성취감을 느꼈을 수도 있습니다. 친구들로부터 새로운 생활 방식과 놀이 방식을 접하기도 합니다. 이를 통해 재미를 느꼈을 수도 있고, 어른이 되었다는 느낌도 받았을 것입니다.

요즘 같은 경쟁 사회에서는 힘의 논리가 더욱 강조됩니다. 친구들에게 인정받고 위안 받고 싶은 심리가 힘의 논리와 연결되어 폭력 문화를 낳기도 합니다. 그리고 집단의 힘이나 소속감에서 심리적 위안을 받기도 합니다. 그러므로 친구들과 사귀고 어울리는 게 아닌 다른 아이들을 힘으로 괴롭혀서 스스로 강한 사람이라는 위안을 받는 아이 심리에 깊이 주목해야 합니다.

더 나아가 자녀의 정체성 문제와 부모 자식 사이의 소통 문제부터 점검해 보는 것이 좋을 듯합니다. 모든 문제의 원인을 친구 문제로 보는 것은 원인을 덮어 버리고, 아이 모습을 애써 외면하는 태도입니다. 지금까지 아이가 하는 고민에 대해 함께 공감하지 못했고, 아이와 소통하지 못했기 때문에 아이가 자신의 존재를 다른 방식으로 확인하려는 통로를 찾았다는 사실을 잊지 마십시오.

지금까지 남 보기에는 공부도 제법하고 학교생활도 성실하게 했을지언정 아이 마음속에는 이미 오래전부터 다른 생활을 갈망하는 싹이 자라고 있었을지 모릅니다. 그 싹은 1등만 인정하는 부모와 경쟁을 조장하는 사회가 틔운 것입니다. "공부하기 좋아하는 사람이 어디 있느냐, 다들 하기 싫어도 참고 하는 거다", "지금 놀면 미래가 없다, 신나게 노는 생활을 꿈꾸는 것은 누구나 마찬가지 아닌가?"라며 아이를 설득하려고 할 것입니다. 그러나 그건 아이들도 이미 알고 있는 사실입니다. 공부하는 것도 싫지만, 공부를 잘하지 않으면 쉽게 인정해 주지 않는 부모의 태도가 아이에게는 높은 절벽처럼 다가왔을지 모릅니다. 겉으로는 나무라지 않고 격려해 주는 것처럼 보여도, 아이들은 부모의 겉모습만 보는 게 아니라 속마음도 정확히 꿰뚫어 봅니다.

뚜렷한 목표 의식과 건전한 가치관을 가지고 주체적으로 살아가는 아이라면 어느 한순간에 그렇게 변하지는 않을 것입니다. 지금까지 겉으로 드러난 아이 모습이나 상황만 보고 부모가 아이의 속마음이나 상태를 제대로 파악하지 못했을 수도 있습니다. 문제를 알고도 공부보다 중요하지 않다고 생각하고 애써 뒤로 미뤄 왔을 수도 있습니다. 아이가 자신의 정체성에 대해 고민하는 동안 부모는 아무런 도움도 주지 못하고 오히려 아이에게 심리적인 부담만 지웠을 수도 있습니다.

친구들과 떼어 놓는다고 문제가 해결되지는 않습니다

이상한 친구들과 어울리면서 더욱 과감해지고, 이상한 짓을 한다는 부모님 말씀이 맞습니다. 친구들에게 얕잡아 보이지 않고, 폼 나게 보이려고 더욱 과감하게 행동했을 수 있습니다. 사실 혼자 남겨 두거나 친구를 만나지 못하게 하면 자녀의 행동이 조금은 진정될 수도 있습니다. 그러나 친구랑 떼어 놓는다고 문제가 완전히 해결되지는 않습니다. 이미 아이는 신 나는 새로운 세상을 발견했고, 그 유혹을 뿌리칠 필요를 느끼지 못합니다. 다시 옛날로 돌아가 봤자 별거 없다는 것을 잘 알고 있고, 고통스러웠거나 그다지 비전이 없어 보였던 예전의 생활로 다시 돌아가고 싶지 않을 것입니다.

지금부터라도 우리 사회와 학교와 부모가 아이에게 어떤 세상을 강요했는지 성찰해야 합니다. 경쟁하고 이기고 세지는 삶을 살도록 부추기지 않았는지 생각해 보아야 합니다. 그리고 태도를 바꿔야 합니다. 어른들이 태도를 바꾸지 않는다면 아이가 친구들과 어울려 약한 아이들을 괴롭히는 일을 그만두는 것도 어렵습니다. 부모가 약한 아이들을 무시하고 힘을 숭배하는 태도에 대해 심각하게 느끼지 못하기 때문에 내 아이가 다른 아이를 괴롭히는 것입니다. 남의 아이를 괴롭혔을 때 대수롭지 않게 여겼기 때문에 그게 부메랑처럼 되돌아와 내 아이가 친구들과 어울려 별짓을 다하고 다니는 거라고 생각하십시오. 포기하지 말고, 힘을 앞세워 성취할 수 있는 일이 얼마나 허망한 것인지 아이를 설득하십시오. 아이가 비현실적인 세계에서 성취감을 느끼지 않도록 부모가 아이를 인정해 주어야 합니다.

올바른 우정관을 심어 줘야 합니다

아이가 친구들과 어울려 다니지 않고 다시 공부도 시작하며 예전의 모습을 되찾았다고 문제가 다 해결된 것은 아닙니다. 아이의 왜곡된 정체성을 바로잡지 않는다면 예전처럼 언제든지 다시 나쁜 친구들과 어울릴 수 있습니다. 표면적인 문제에서 벗어나 좀 더 근본적으로 아이의 정체성에 주목해야 합니다. 아이의 정체성을 회복하는 핵심은 올바른 우정관을 갖도록 하는 것입니다. 아이에게 올바른 우정관을 가르쳐야 합니다. 나와 다른 것을 인정하고, 약한 사람이나 강한 사람이나 공부 잘하는 사람이나 못하는 사람이나 모두 지켜 줘야 할 인격이 있는 인간임을 알게 해야 합니다.

그러나 무작정 우정만 강조한다고 아이들이 깨닫는 것은 아닙니다. 먼저 가정에서 부모가 힘을 숭배하는 문화를 심어 주지 않았는지 되돌아봐야 합니다. 아이가 다른 사람을 괴롭히고 힘을 과시하면서 자기 존재를 확인하려고 하게 된 데에는 원인이 있습니다. 혹시라도 힘과 돈으로 상대를 짓누르려는 태도가 자녀에게 대물림되었다고 판단하면 부모는 과감하게 자신의 경험을 아이에게 이야기해 줄 수 있어야 합니다. 특히 부모의 그릇된 행동이 피해자에게 어떤 상처를 주었고, 자신이 한 행동에 대한 냉정한 평가를 자녀가 공감갈 수 있게 설명해 주어야 합니다. 부모의 경험에서 이러한 문제를 발견하지 못하면, 주변 사람들의 이야기나 아이가 알고 있는 사람의 이야기를 직접 들려주거나 부모의 문제로 치환하여 들려줘도 좋습니다. 폭력을 행사했던 경험도 좋고 맞았던 경험도 좋습니다.

부모님의 우정관에 대해서도 객관적으로 검토해 보는 과정이 꼭 필요합니다. 만약 잘못된 우정관을 가지고 살아왔다면 솔직하게 고백하고 부모님의 대인 관계에서 드러난 문제점을 아이와 같이 나눌 수 있는 용기가 필요합니다. 또한 부모의 우정관을 성찰하는 과정에서 아이와 함께 《어린 왕자》,《진정한 우정》,《사랑의 학교》와 같이 우정과 관계 맺기를 주제로 하는 좋은 책을 함께 읽고 이야기해 보아도 좋습니다.

07_
이 지경이 될 때까지 담임선생님이
아무것도 몰랐다는 게 말이 되나요?

담임선생님께 아이가 학교에 오지 않았다는 연락을 받았어요. 선생님께서는 별일 아니라는 듯이 사춘기라 또래들 가운데 방황하는 애들도 많고 무단결석을 하는 애들도 종종 있다고 하더군요. 하지만 나중에 알고 보니 오래전부터 몇몇 애가 저희 아이에게 돈을 요구하며 폭행했고 돈을 구하지 못한 저희 아이는 무서워서 학교에 가지 않았던 겁니다.

저희는 그런 줄도 모르고 학교에 가지 않았다는 이유로 아이에게 매를 댔습니다. 평소 운동도 좀 하는 편이고 덩치도 있어서 누구한테 맞고 다닐 거라는 생각은 꿈에도 못했습니다. 얼굴에 멍이 들었을 때도 친구랑 좀 다퉜다고 하기에 그냥 그런 줄로만 알고 대수롭지 않게 넘겼는데 이제 와서 생각해 보니 말도 못하고 당하고 있었던 겁니다.

그런데 담임선생님이 몰랐다는 게 말이 되나요? 날마다 학교에서 애들을 가르치는 분이 이렇게 될 때까지 조금도 몰랐다는 게 말이 되지 않는다고 생각합니다. 분명 알고 있었을 텐데 왜 아무것도 하지 않은 걸까요? 선생님들은 무슨 일로 그렇게 바쁘셔서 이 지경이 될 때까지 그냥 두셨던 것인지 담임선생님이 정말 원망스럽습니다.

현행법에서 학교폭력이 일어나면 교사는 '신고'만 하면 됩니다

얼마나 마음이 아프실까요? 학교폭력을 예방하지 못한 담임선생님과 학교에 대한 원망이 크실 겁니다. 아이들이 선생님도 부모님도 모르는 세계를 만들어 가고 있었군요. 모든 아이들 세계가 그런 것은 아니지만, 권력 지향적인 아이가 또래들 속에서 센 아이로 인정받기 위해 만들어 낸 서열 구조가 있는 경우도 있습니다. 이 속에서 아이들은 소위 일진이거나 일진처럼 강해지려고 합니다. 그래서 서열을 만들고 괴롭히며 군림하는 것입니다. 이런 구조를 1년 간 유지할 수 있었던 것은, 자신에게 불똥이 튈 것을 두려워 한 방관자들이 있었기 때문입니다. 이들 모두에 의해 폭력이 철저히 숨겨져 있기에, 반 전체 학생들이 아는 일이라 하더라도 담임선생님은 권력 구조의 실체를 몰랐을 수 있습니다. 담임선생님에게는 단순히 현상만 눈에 들어올 뿐이지요.

설사 담임교사가 폭력의 실체를 알게 되었더라도 할 수 있는 일은 별로 없습니다. 초·중등 교육법에서 교사의 권한을 '교사는 법령이 정하는 바에 따라 학생을 교육한다', 즉 가르칠 권리만을 명시하고 있기 때문입니다. 또 학교폭력 예방 및 대책에 관한 법률 제20조에 따르면, '교원이 (학교폭력의 예비 음모들을) 알게 되었을 경우 학교의 장에게 보고하고 해당 학부모에게 알려야 한다'고 되어 있습니다. 즉, 담임교사든, 학생부장이든 학교폭력의 사안을 교장에게 신고만 하면 됩니다. 법적으로 담임교사에게는 조사할 수 있는 권한도, 가해 학생의 부모를 소환할 수 있는 권한도 없습니다. 신고가 된 사건은 학생부의 학교폭력 책임 교사에 의해 학교폭력대책자치위원회(이하 자치위원회)에 회부됩니다. 자치위원회의 위원인 경찰, 변호사, 지역 대표, 학부모 대표, 학교폭력 책임 교사, 교감에게 권한이 위임되는 것입니다. 전문가 집단은 분쟁을 조정하고 징계 수위를 정합니다. 그리고 그 결과를 교장이 결재하도록 합니다. 즉 위원들에게 권한이 있는 것이지 담임교사에게는 권한이 없습니다. 이로써 담임교사의 법적 의무는 끝이 납니다. 학교에 알린 것만으로 담임교사의 책임을 다한 것입니다.

이런 상황이다 보니 교사는 '몰랐다'는 이유로 신고하지 않을 수도 있습니다. 학급에서 일상화된 폭력이 있을 때는 학급의 권력 구조를 의심해 보아야 하지만 그 구조를 건드리지 않으면 폭력의 실체를 알기 어렵습니다. 만약 담임교사가 학급에서 괴롭힘이 일어날 때마다 신고한다면 어떻게 될까요? 아마 그 담임교사는 '학급 통제를 제대로 못하는 무능한 교사'라고 낙인찍힐 것입니다. 즉 학급에서 일어나는 언어적 · 비언어적인 모든 폭력을 신고하라는 것은 결국 교사로 하여금 아무런 신고도 하지 않게 하는 것과 같습니다. 교사들이 만약 사건을 은폐한다면 그것은 학교폭력을 신고제로 했기 때문입니다. 부모님께서 담임교사가 '정말 몰랐냐'고 물었는데, 정말 몰랐을 수도 있고, 알면서도 몰랐다고 했을 수도 있다는 것입니다.

이런 현실에서 최근 학교폭력 문제가 가시화되자 경찰청은 '학교 폭력에 대처하는 교사가 정당한 이유 없이 직무를 의식적으로 방기하거나 포기했다고 판단되면 형사 입건할 수 있다'는 방침을 발표해 물의를 빚었습니다. 또한 경찰은 가해 학생에 대해 상담과 지도는 했지만 학교장에게 신고하지 않은 교사를 직무 유기로 검찰에 송치했습니다. 과연 '신고'가 구체적인 법령 근거에 따라 이루어지는 공무원의 직무 범위에 맞는 사무일까요? 아니면 뜨거운 여론을 잠재우기 위한 경찰의 미봉책일까요? 만약 '신고'가 공무원의 직무 범위에 속하는 것이라면 교사는 일상에서 일어나는 비난, 욕 문자, 놀림 등 모든 폭력을 신고해야 합니다. 이 경우 학교폭력 책임 교사가 전 학급의 문제를 교육적으로 처리하는 것은 불가능하겠지요. 그렇다고 신고가 필요한 학교폭력의 기준을 법에서 정해 놓은 것도 아닙니다. 만약 여론을 잠재우기 위해 경찰이 공권력을 과도하게 남용한 거라면 교사가 희생양이 되어 학교폭력 문제에 교사가 적극 개입하려는 의도를 약화시킬 수 있습니다.

요즘 학교 정문에는 '경찰에 학교폭력을 신고하라'는 현수막이 걸려 있습니다. '신고는 교사에게'가 아니라 '신고는 경찰에게'라고 하여 교사에게 말해도 소용없다는 인식을 더욱 확산시키고 있는 것입니다. CCTV를 설치하고 학교폭력 신고 전화를 마련하는 등의 대책은 이미 15년 전에도 나왔습니다. 하지만 학교폭력이 줄어들기는커녕 더욱 심각해졌다면 정부 시스템도 문제가 있다고 생각해 볼 수 있습니다. 신고를 외부로 하게 하는 시스템, 즉 학생들도 경찰에 신고하고, 교사도 신고만 하라는 현재의 법 제도에서 교사는 학교폭력을 해결하는 주체가 아닙니다.

학교폭력의 구조를 가진 학급은 가해자, 방관자, 동조자, 피해자로 구성됩니다. 교사도 네 가지 중 하나에 속하게 됩니다. 이 네 영역에서 벗어나기 위해서는 교사 스스로 학교폭력 문제를 해결하기 위해 나설 때 비로소 가능합니다. 그러나 교사가 신고만 하는 사람이라면 교사는 가해에 동조하거나 교사로서의 권위를 상실한 피해자의 모습이거나 학생들로부터 폭력 문제에 대해 관심 없어 보이는 방관자의 모습으로 비춰질 수 있습니다. 방관자는 도움의 눈빛을 보내는 피해 학생들을 외면하는 간접적 가해자이기도 합니다. 모든 폭력을 신고제로 한다면, 학생과 학부모는 교사에게 말해도 소용없다는 불신을 더욱 키울 것입니다.

현실적으로 담임교사는 신고만 하고 있을 수 없습니다

그렇다고 현실적으로 담임교사가 신고만 하고 손 놓고 있을 수 있는 상황도 아닙니다. 실제로 사건이 일어나면, 피해 학생의 진술을 가장 먼저 접하는 어른이 담임교사입니다. 가해 학생과 피해 학생의 생활지도를 직접 담당해야 합니다. 자치위원회 회의에 담임교사가 반드시 들어가는 것은 아님에도 학부모는 담임교사를 통해 조정 결과를 알고자 하며, 자치위원회 결정에 대한 불만을 학교에 전하도록 요구하기도 합니다. 현장에서 담임교사가 개입하고 판단해야 할 일이 많은데 법은 현실을 따라가지 못하고 있습니다.

담임교사의 역할이 신고로만 한정되어 있지만 더 많은 역할을 한다고 해서 불법은 아닐 것입니다. 문제는 담임교사가 폭력 문제를 해결하려고 적극적으로 나설 때 교장이 이를 막기도 하고 가해 학생의 부모가 협조하지 않는 사례도 발생한다는 점입니다.

실례로 A 교사는 1년 동안 학급 폭력 문제가 구조화되어 반 아이들 모두에게 진술서를 자세하게 받으려고 했지만, 이를 신고 받은 교장이 "손 떼라. 학생부가 알아서 할 것이다"라고 지시하기도 했습니다. 그 반은 누가 가해자고 피해자랄 것 없이 학급 구성원들 대부분이 피해자가 되지 않기 위해 가해를 하는 폭력적인 서열 구조를 갖고 있었습니다. 교장은 학생부장에게 당장 내일까지 처리할 것을 지시했고 학생부는 모두를 조사할 수 없어 가장 심각한 피해 학생에 대한 폭력 문제만을 자치위원회에 상정했습니다. 그 결과 서열 구조를 만든 핵심인 일짱은 해당 피해 학생을 직접 괴롭히지 않았다는 이유로 징계에서 제외되었습니다. 결국 이 학급은 가해 학생들이 위탁 교육을 다녀온 며칠 뒤에 서열 구조가 다시 회복되었습니다. 이 과정에서 아이들은 말해도 소용없는 체념을 습득하게 되었을 것입니다.

B 교사의 경우, 자치위원회가 가해 학생의 전학을 결정하지 않은 상태에서 피해 학생의 부모로부터 가해 학생을 전학시켜 달라고 요구받은 상태였습니다. 이에 B 교사는 가해 학생 부모에게 "가해자와 피해자가 함께 교실에 있는 게 피해 학생에 큰 상처가 될 수 있다"고 하

자 "사건이 이 지경이 되도록 담임은 뭘 했냐? 아이 담임이면서 전학을 가라는 거냐"며 거세게 항의받기도 했습니다. 실제로 교사는 가해 학생 부모를 소환하려고 해도 강제할 수 없는 실정입니다.

적극적으로 문제를 파고드는 교사에게 가해지는 교장의 저지, 가해 학생 부모의 비협조와 같은 현실적인 어려움과 그 부분을 읽지 못하는 현행 학교폭력 예방 및 대책에 관한 법률의 한계 때문에 담임교사는 폭력 문제에 적극 대응할 수 없습니다. 교사가 법적 절차에 대한 지식이 부족하고 피해자 구제 및 가해자를 반성으로 이끌겠다는 의지가 없다면 결국 학교에서 요구하는 대로 따라가게 마련입니다. 피해 학생과 가해 학생 모두의 가족에게 교육자로서의 입지를 보여 줄 수 없게 되는 것이지요.

학교폭력 문제를 해결하려면 교사에게 권한을 주어야 합니다

한 토론회에서 "교사들이 중재할 줄 몰라 사건이 커진다", "학교 안에는 전문가가 없기 때문에 외부 전문가에게 학교폭력 사건을 맡겨야 한다"고 했습니다. 그러나 학교폭력의 구조에 가장 가까이 있는 사람이 바로 교사입니다. 학급 아이들의 관계를 가장 잘 알고 있는 어른도 교사입니다. 담임교사는 권력을 행사하려는 아이들을 저지할 수 있는 위치에 있습니다. 앞서 말했듯 교사가 가해자, 피해자, 동조자, 방관자가 되지 않기 위해서는 학교폭력 문제에 적극 나서야만 합니다. 때문에 이들의 역량을 키우는 것이 가장 시급합니다.

그러나 현재 담임교사에게는 이러한 권한이 없습니다. 권한이 있어야 책임이 생기는 것인데요. 교사가 중재 능력이 없다고 했을 때 교사는 중재할 권한을 갖고 있지 않습니다. 학부모를 부르지만 학부모가 학교에 오지 않는다고 해서 강제할 수 없습니다. 가해 학생이 조사를 거부하거나 거짓으로 응한다고 하더라도 이를 제지할 수 없습니다. 자치위원회 위원들이 부르지 않으면 발언할 수도 없고 생활기록부에 학생들 품행에 대해 솔직하게 쓰지도 못합니다. 그동안 정부는 교사를 대상화하는 대책만 내놓았습니다. 학교폭력과 관련한 교사 연수는 "학교장에게 신고하라, 잘 기록해 두어라"는 식의 소극적이고 방어적인 내용뿐이었습니다. 정부 시스템 문제는 점검하지 않으면서 인성 교육이 부재했다는 식으로 교사에게만 책임을 돌려 버린다면 학교폭력 문제는 결코 해결할 수 없습니다.

부모님이 담임교사에게 책임을 묻고 싶다면, 교사에게 다음과 같은 권한이 있어야 할 것입니다. 첫째는 학급 내에서 해결이 가능한 폭력에 대해 공개 사과, 3일 이내 교내 봉사, 재발 방지를 위한 가해 학생 부모의 서약서 등과 같은 교육 벌을 학칙에 따라 담임교사가 직접 내릴 수 있다면 담임교사에게 책임이 생길 것입니다. 둘째는 담임교사가 학생들을 상담하고 학생 간 관계에서 오는 문제를 조정하며, 사안에 따라 공론화하여 학급 아이들과 함께 화해를 모색하는 지도를 하도록 적극적인 교육 활동에 대한 권한이 있어야 합니다. 특히 몇몇 학생들이 교사의 교육적 지시를 무시하면서 소위 센 척을 하기도 하는데, 이 경우 교사의 요구에 따라 학교 차원의 위원회를 열 수 있도록 하는 권한도 필요합니다. 왜냐하면 교권의 문제이기도 하지만 학교폭력의 다른 단면이기도 하기 때문입니다. 만약 이 과정에서 중대한 폭력 사건이 발생하거나 가해 학생 혹은 학부모가 담임교사의 지도를 거부하는 일이 생기면 학교 차원의 자치위원회에 회부할 수 있는 시스템도 마련해야 합니다. 이렇게 할 때라야 교사들이 폭력 문제에 직극적으로 나설 수 있는 것입니다. 그러면 자치위원회의 위상도 높아지겠지요. 담임교사의 권한을 정함과 동시에 교장, 교감, 학생부장 및 학교폭력 책임 교사의 권한과 역할의 경계를 분명히 해야 책임이 명확해질 수 있을 것입니다. 경미한 학교폭력을 학칙에 따라 담임교사의 권한으로 지도할 수 있다면 학급 내에서 학교폭력을 해결하는 일이 활성화되면서 범죄 수준의 학교폭력으로 진화하는 것을 막을 수 있습니다.

학교폭력 문제에 집중할 수 있는 환경을 마련해야 합니다

현재 학교에서는 학업 성취도 평가에서 높은 점수를 받게 하는 교사, 학생 모두를 7교시 교과 방과 후 수업을 듣게 하는 교사, 8교시 자습에 학생들을 많이 남도록 하는 교사를 필요로 합니다. 교장, 교감 선생님은 "지금은 생활지도에 매어 있을 때가 아니다. 남은 한 달은 성취도 평가를 위해 힘을 써 달라"고 공공연하게 말하기도 합니다. 이런 풍토 때문에 생활지도에 에너지를 쏟는 교사를 능력 있는 교사로 인정하지 않습니다.

학교폭력 문제에 교사가 집중할 수 있게 시간이 확보되어야 합니다. 학교에서는 아이들을 깊이 있게 만날 수 있는 시간이 없습니다. 특히 수준별 이동 수업과 교과교실제를 실시하면서, 조회 시간에 볼 수 없었던 지각한 아이가 수업 마치고 종례를 받지 않고 갈 경우 얼굴을 보기도 힘듭니다. 학급에서 일어난 폭력 문제를 공론화해 모두의 지혜로 풀 수 있는 시간조차 확보되지 않는 게 현실입니다. 만약 상담 시간과 생활지도 시간이 수업 시간으로 확보된다면 반 학생들과 학급의 문제를 논의할 수 있고 학생들과 적극적으로 상담할 수 있는 여건이 마련될 수 있습니다.

담임교사에게 학교폭력 문제를 해결할 수 있는 권한이 주어지고, 수업과 보충수업 시간을 줄여 주는 등 업무 여건을 개선해 준다면, 담임교사는 학교폭력 문제에 집중할 수밖에 없는 구조가 될 것입니다. 그러면 담임교사는 생활지도에 최선을 다할 수밖에 없게 되겠지요.

08_
가해 학생들의 전학을 요구해도 들어주지
않습니다. 어떻게 해야 할까요?

　　우리 아이가 학교폭력을 당했습니다. 가해 학생들을 학교에 나오지 못하게 하고 전학 보내 달라고 학교에 요청했습니다. 그런데 자치위원회를 열고 결과를 통보하는데 한 달이 걸렸고, 그동안 우리 아이는 가해 학생과 같은 교실에서 수업을 받아야 했습니다. 전학 가는 가해 학생과는 떨어지게 되었지만 수준별 이동 수업을 하면서 다른 가해 학생과 만나야 합니다. 다시 학교에 가해 학생과의 격리를 요구했지만 학교는 행정적인 이유로 그럴 수 없다는 말만 되풀이합니다. 당한 우리 아이만 바보가 된 것 같습니다. 피해자 부모로서 어떻게 대처해야 할까요?

학교폭력대책자치위원회를 통한 해결의 문제점

　　아이가 학교폭력 피해를 당한 것만 해도 속상하실 텐데 가해 학생들의 잘못이 밝혀지고도 그 해결이 미흡하니 답답하고 화가 나실 만하네요. 자치위원회에서 학교폭력 문제를 자의적으로 해석하기 때문에 학교가 강력하게 전학을 추진하지 않는 이상 전학 결정을 내리는 것은 쉽지 않습니다. 대구 중학생 자살 사건 이후 정부는 가해 학생에 대한 불관용 원칙을 분명히 하고 근절 종합 대책을 내놓았습니다. 강제 전학을 포함해 강력히 처벌하겠다는 것입니다. 그러나 양형 기준을 통해 어떤 경우에 전학을 보내겠다는 내용을 명시하지 않으면 자치위원회에서 전학을 쉽게 결정할 수 없겠지요. 지금도 '학급 교체'와 같은 조항이 있지만 피해 학생 부모가 강력히 격리를 요청해도 학급 교체가 쉽사리 이루어지지 않는 실정과 같은 맥락으로 보시면 됩니다. 따라서 피해자 가족이 학교폭력 예방 및 대책에 관한 법률을 정확히 알고 적극적으로 요구하지 않으면, 학교는 사안을 숨기거나 낮은 수위로 처리하는 경우가 많습니다.

학교폭력 예방 및 대책에 관한 법률 제17조에서는 '(학교폭력대책자치위원회의) 조치를 받은 날부터 15일 이내, 그 조치가 있음을 안 날로부터 10일 이내에 시·도 학생 징계 조정위원회에 재심을 청구'할 수 있다고 명시하고 있습니다. 그러나 실제로 당사자들이 상급 기관에 재심을 청구한 경우가 별로 없습니다. 부모님들은 재심 청구에 대해 잘 모르기도 하고, 오히려 피해를 더 당하게 될까 봐 신청하지 않기도 합니다. 또한 학교와 교육청은 사건과 관련된 자료 준비 등 절차상의 번거로움 때문에 피해자와 가해자 당사자들의 화해를 종용하기도 하고 재심 청구에 소극적인 입장입니다. 따라서 상급 기관의 재심을 지금처럼 당사자들의 선택이 아니라 필수적인 조항으로 만들어야 합니다. 지금처럼 재심 청구를 할까 말까가 아니라 재심 청구를 안 할 수도 있음을 선택하게 해야 합니다. 그래야 자치위원회와 교육청 모두 더욱 책임감을 가지고 접근할 수 있습니다. 또한 언론에 공개해 학교를 압박할 수도 있고 가해 학생이나 학교를 상대로 소송을 걸 수도 있습니다. 그러나 소송은 피해 학생과 가해 학생 모두에게 또 다른 상처로 남을 수 있음을 유념해야 합니다.

학교생활 규정으로 보완해야 합니다

자치위원회에서 학교폭력 예방 및 대책에 관한 법률로 피해 학생의 안전을 보장할 수 없다면 학교의 생활 규정을 바꾸는 방법이 있습니다. 상위법으로 보장하지 못하면 하위 법 차원에서 재발 방지를 위한 규정을 만들도록 요구해야 합니다. 학교에서 전학이 어렵다고 한다면, 학생생활 규정에 '등교 중지'와 '학급 교체' 조항을 넣어 가해 학생과 피해 학생을 강제로 서로 격리할 수 있게 해야 합니다. 또한 징벌적 조치 이후의 결과를 게시할 것, 진심어린 공개 사과를 할 것 등 재발 방지를 위해 학생생활 규정의 개정을 이끌어야 합니다. 이를 위해 학교운영위원회의 학부모 대표와 접촉하고 학부모가 주체가 되어 우리 아이를 피해 상황에서 안전하게 지킬 수 있는 학교 환경을 만드는데 노력하는 것이 필요합니다.

09_
반장이 청소 감독까지
해야 하나요?

안녕하세요? 전 중학교 3학년 아들을 둔 엄마입니다. 저희 아이는 별로 활발한 아이가 아닌데 이번에 반장이 됐어요. 그래서 여러 가지 학급 일을 도맡아 하고 있는데 이해 안 되는 것이 있습니다. 이건 담임 선생님에 대한 불만이기도 한데요, 반장한테 청소 감독을 시키신대요.

요즘 애들이 집에서도 안 하니까 학교에서도 청소를 잘 못하는 것 같아요. 그러다 보니 청소를 안 하고 도망가는 애들이 많은데, 그걸 담임선생님께 보고해야 하는 거예요. 담임선생님은 청소가 잘 안 되니까 저희 아이를 대표로 혼내시고, 아이들은 자기들의 잘못을 선생님께 말하는 저희 아이를 미워하고 그러면서 갈등이 커지는 것 같아요.

저희 아이가 힘들어 하는 것도 있지만 저는 기본적으로 애들끼리는 서로 평등해야 하는데, 반장이라고 해서 아이들을 감독하는 건 옳지 않다고 생각해요. 또 청소 감독뿐 아니라 떠든 사람 이름을 적게 하는 등의 일들을 시켜서 아이들이 곤란해지는 경우가 많다고 합니다. 어떨 때는 센 애들을 일부러 감독 시키실 때도 있다고 해요. 그 아이랑 친한 애들은 봐 주고 나머지 애들만 적어서 낸다는데, 선생님들이 이렇게 아이들에게 뭔가를 시키는 건 너무 무책임하고 무분별한 처사 아닌가요?

학부모님의 문제의식에 동의합니다

그렇군요. 선생님들이 무심코 반장한테 많이 맡기곤 하는데 그게 문제가 많군요. 생각해 보니 선생님의 권력을 너무나 쉽게 반장이나 부반장, 교과 부장이나 생활 부장 등 소위 임원 학생들에게 넘겨 버린 것 같네요. 반성해야겠습니다. 그 책임을 맡은 아이들은 우쭐해지고 그것을 따라야 하는 아이들에게는 굴욕감을 준다면 관리의 이름으로 행해지는 많은 권한 이행을 선생님들께서 다시 생각해 보아야 할 것 같습니다.

어머니 말씀처럼 청소 감독뿐 아니라, 떠든 사람 이름 적기를 비롯해서, 자습 시간 감독 등이 자율이란 명목으로 이루어지지만 실제로는 그것이 아이들 사이의 권력 구조를 만드는 데 기여하고 있습니다.

아이들 세계를 유심히 보면 알겠지만 아이들에게 이미 자연적으로 강약의 구조가 존재합니다. 물론 강약이 존재하는 자연 상태가 좋다는 것은 아닙니다. 그런데 청소 감독이나 자율 학습 감독 같은 것은 아이들의 자연적인 질서에 교사가 임의적으로 권위를 부여하는 방식인데 그러다 보니, 자연 상태의 강약과 인위적 질서 사이에 충돌이 발생합니다. 이 과정에서 교사의 질서와 아이들의 질서는 충돌과 혼란을 일으키게 되고 이 혼란이 잘못 해결될 경우 결과적으로 아이들이 질서나 규칙 자체에 대해 거부감을 표현할 수 있습니다.

교사의 권력 이양 행위는 아이들 사이의 갈등을 조장하는 행위입니다. 무엇보다도 반장에게 그 역할을 맡기게 되면 어머니의 염려처럼 반장이 아이들의 표적이 될 수 있음을 생각해야 합니다.

선생님들이 엄석대를 만들어서는 안 됩니다

또 반장이 아니더라도 학급에서 소위 '센 애'들을 시키기도 한다고 했죠? 이것은 더 위험해 보입니다. 비공식적인 영역에서 힘을 가진 아이들이 공식적인 영역에서도 힘을 갖게 되기 때문입니다. 평소 자기 마음에 안 들던 애들을 공식적으로 복수하기도 하고, 자기가 원하는 방향으로 반을 이끌어 갈 수도 있습니다.

소설 《우리들의 일그러진 영웅》의 엄석대는 소설 속에서만 존재하는 인물이 아닙니다. 담임선생님의 무지와 무관심 속에서 언제든지 생겨날 수 있습니다.

특히 학교에서 운동부 아이들을 지도할 때 그런 경우를 많이 봅니다. 육체적인 힘의 정도로 지위를 형성하고 모두들 그것을 당연하게 받아들입니다. 선생님들이 물리적인 방식으로 아이들을 지도하려고 할 때, 아이들 사이에서도 당연히 물리적인 힘이 센 아이들이 권력을 잡게 됩니다. 말하지 않아도 아이들에게 그것을 가르치고 있는 것입니다. 힘이 진리라는 것을 말입니다.

선생님들의 꾸준한 관리가 필요합니다

주먹에 의지하는 아이를 담임선생님이 믿어 주고, 학교 일이나 학급 일을 맡겨서 그것을 수행하는 동안 공식적으로 인정받고 새 사람이 된 사례들이 많이 있습니다. 흔히 노는 애들이나 아이들 사이에서는 인정받지만 공식적으로는 인정받지 못한 학생들이 선생님의 신뢰로 거듭나는 경우도 물론 있습니다. 아이들 중에는 인정 욕망이 커서 공식적인 지위를 탐하는 경우도 있고, 이 역할을 누구보다도 잘 수행해 내는 애들도 있습니다. 교육이라는 것은 때로는 엄청난 변화를 가져오기도 해서 이런 계기들을 아예 부정하라는 것은 아닙니다. 하지만 선생님들이 센 아이들에게 뭔가를 맡기실 때는 그 욕망이 왜곡된 방향으로 흘러가지 않도록 항상 관리가 필요합니다. 그렇지 않고 이루어지는 권력의 이양은 직무 유기이며 무책임한 떠넘기기일 뿐입니다. 또한 교사의 교육적 의도가 있다고 하더라도 실제의 교실에서는 교사의 교육적 의도와는 상관없이 학생들 간의 권력 다툼으로 비화될 수 있다는 점을 염두에 두셔야 합니다.

학부모님의 문제 제기로 시작된 논의이지만 학부모님보다는 선생님들께 당부를 드리게 되네요. 이것은 어른들의 반성 없이는 해결될

154

수 없는 측면이 있다 보니 결국 선생님들에 대한 이야기로 흘러 버렸습니다. 요즘 스승이 없고, 교권이 사라져 가고 있다고 하지만, 그래도 아이들은 선생님의 교육 철학에 영향을 받습니다. 아이들은 선생님들의 작은 행동이나 말에 영향을 받는다는 사실을 인지하시고 교육 활동을 해 나가면 좋겠습니다.

10_
우리 아이는 늘 당하면서 왜 싫다는
말을 못할까요?

중학생 아이를 둔 엄마입니다. 저희 아이는 학교에서 항상 친구한테 당하고 옵니다. 다른 아이들이 저희 아이의 핸드폰을 마음대로 쓰기도 하고, 책을 빌리고 안 갖다 줘서 대신 혼나기도 하고, 알고 보면 분통 터지는 일이 한두 가지가 아닙니다.

아침마다 학교 가기 싫다고 떼를 쓰는 바람에 날마다 전쟁을 치릅니다. 등 떠밀어 아이를 학교에 보내지만 정작 보내고 나서는 마음이 좋지 않아 눈물이 납니다. 마음이 여리고 착해서 싫어도 싫다는 말도 못하고, 선생님한테도 아무 말도 못하고 마음속으로는 속앓이를 하고 있는 것 같습니다. 때로는 엄마인 제게도 말을 못하고 숨기는 것 같습니다.

우리 아이는 왜 이렇게 자기표현을 못할까요? 왜 싫으면 싫다고, 안 된다고 말을 못할까요? 엄마인 저로서는 안쓰럽고 답답하기만 합니다.

말을 못하게 만드는 분위기 자체가 학교폭력입니다

어머니의 속상한 마음이 그대로 전해지는 듯합니다. 참 힘드실 것 같습니다. 아이에게도, 그것을 바라보는 부모에게도 학교폭력은 상처입니다. 이런 상처가 없는 세상이 와야 할 텐데요.

어머니께서는 아이가 불합리한 상황에서 왜 자기의 의사 표현을 제대로 하지 못하는지에 대해서 궁금하고 화가 난다고 하셨는데, 그것 때문에 아이가 계속 당한다고 생각하시는 것 같습니다. 다시 말해 아이가 의사 표현을 못하기 때문에 자주 당한다고 생각하시는 것 같습니다. 그러나 그것은 반은 진실이고 반은 진실이 아닐 수 있습니다. 아이의 침묵은 학교폭력을 불러일으킬 수도 있지만, 동시에 학교폭력 상황 자체이기도 합니다. 이미 아이는 말할 수 없는 상황 안에 놓여 있다는 것입니다. 아이가 말하지 않았기 때문에 폭력적인 상황이 벌어지게 된 것이 아니라, 이미 많이 당해서 말을 제대로 하지 못하게 되었을 가능성이 높습니다. 즉, 말을 못하는 것은 학교폭력의 원인이 아니라 학교폭력의 과정이고 결과인 것이지요.

말을 해도 안 통하는 분위기라면?

어머니의 우려와는 달리 아이가 말을 했으나 통하는 분위기가 아니라면 어떻게 하시겠습니까? 그리고 아이는 어떤 선택을 하게 될까요? 아이가 싫다는 말을 못하는 것이 아니라, 오히려 말을 해도 투명인간 취급을 받는다면 더 이상 말을 하고 싶지 않을 것입니다. 말은 원래 힘을 가지고 있습니다. 자신의 의사를 전달하거나 말을 통해 상대방이 자신의 의사대로 움직이게 할 수도 있습니다. 어머니가 가지고 계신 말에 대한 생각, 그리고 우리가 일반적으로 갖고 있는 말에 대한 힘을 아이는 갖고 있지 못한 것입니다. 말에서 힘이 사라져 버린 것입니다. 그 원인은 주변 친구들의 잦은 무시나 비난일 수도 있고, 어머니의 조바심일 수도 있습니다. 이럴 경우 아이가 할 수 있는 행동은 '침묵'하거나 '혼잣말'을 하는 것입니다. 어머니의 생각대로 아이는 처음에는 말이 없어질 것입니다. 잦은 패배를 경험하느니 패배의 경험을 가져오는 상황 자체를 만들지 않으려고 침묵하는 것입니다. 자신의 말을 들어주는 사람이 없기 때문에 아예 이야기를 하지 않는 것입니다. 그러나 사람은 사회적인 동물인지라 다른 아이들과 말을 섞지 못하더라도 타인과 소통하고 싶고 자신의 생각이나 의견을 표현하고 싶은 소망은 가지고 있을 것입니다. 이럴 경우 아이는 '혼잣말'을 하게 됩니다. 그러나 혼잣말처럼 보이지만 실은 혼잣말이 아닙니다. 타인과의 의사소통을 시도하고 있는 것입니다. 그것을 보고 다른 아이들은 오히려 이상한 아이라고 이야기할 수도 있지만, 그것이 다른 사람과 의사소통하고 싶어 하는 마음이라는 것을 읽어 줘야 합니다. 대화에서 실패하는 아이들은 다른 사람과 소통하고 싶지만 동시에 자신의 말에 대한 대답 없음을 경험하고 싶지 않기 때문에 혼잣말처럼 하고 마는 것입니다.

아이 목소리에 귀 기울일 수 있는 소통 공간을 마련해야 합니다.

우리는 누구에게나 무시당하지 않을 권리가 있습니다. 그리고 또 무시하지 말아야 할 의무가 있습니다. 모두 다 존중받고 존중해야 할 의무가 있습니다. 아무리 사소한 것일지라도 우리는 피해자의 입장에서 상황을 볼 수 있는 눈을 갖추어야 합니다. "그것은 그럴 의도가 아니었다"라고 말하는 것은 가해자의 생각일 뿐입니다. 교실은 가장 작은 자의 목소리에 귀 기울일 수 있는 여건이 되어야 합니다.

그래서 일부 선생님들은 교실 내에서 '스톱 제도'라는 것을 도입하기도 합니다. 자신이 상처 받았을 때, 그리고 자신의 권리를 부당하게 침해당했을 때, 피해자 자신이 또는 피해자의 친구들이 '스톱'이라고 외치는 것입니다. 그러면 그 상황이 종료됨과 동시에 전체 학급 회의가 열리게 됩니다. 이러한 시도들은 아직 미약하기는 하지만 언어 본래의 기능을 되찾고, 아이의 권리를 되찾는 데 기여할 수 있을 것입니다.

아이들이 가장 싫어하는 것 중의 하나가 일요일 날 같은 휴일에 외식하러 나가서 맛있는 음식을 앞에 두고 "자, 우리 대화하자"라고 말하는 것이라고 합니다. 평상시에는 서로에 대해 냉정하다가 형식적인 연례행사처럼 대화를 제안하니까 거부감을 느끼는 것입니다. 학교에서 패배의 경험을 안고 온 경우라도 오히려 집에 와서 그것을 숨기고 말하지 않을 확률이 높습니다. 왜냐하면 아이의 상처가 집에서도 치유되지 못하기 때문입니다. 아이의 침묵이 어리석은 행동이라고 부모에게 핀잔을 듣게 된다면 아이는 또 한 번 상처받을 수 있습니다. 세상에서 상처받고 오더라도 집은 편안하게 쉴 수 있는 공간이 되어야 합니다. 그러나 요즘에는 그렇지 못한 경우가 많습니다. 집 안팎에서 아이는 상처투성이가 됩니다. 세상에서 가장 사랑하는 자녀가 자신에 의해 상처받지 않도록 부모님도 노력하셔야 합니다. 그러기 위해서는 평소에 부모님과 아이 사이에 의사소통의 시간과 공간을 충분히 확보하셔야 합니다. 얼굴을 볼 시간이 없다면 도시락 쪽지처럼 작은 쪽지를 전달해도 좋고, 거실에 작은 칠판을 마련해도 좋습니다. 서로의 생각들을 전달하고, 아이 자신이 충분히 사랑받을 가치가 있다는 생각을 잊지 않도록 해 주십시오.

11_
우리 애가
그럴 애가 아닌데요.

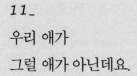

　안녕하세요. 고등학교 1학년 아들을 둔 부모입니다. 담임선생님의 면담 요청으로 오늘 학교에 갔습니다. 그런데 담임선생님이 저희 아들이 학교에서 말썽을 일으킨다고 하더군요. 평소에 집에서도 활발한 모습이고 조심성이 부족해서 모범생은 아니겠거니 했지만 담임선생님 표정이 심각하더군요.

　저희 아들이 다른 아이들의 점퍼 같은 걸 입고 안 갖다 주고, 다른 친구들 시계를 빌려 가서 돌려주지 않고 계속 차고 다닌다고 하더라고요. 급식 새치기는 다반사고요. 한마디로 다른 아이들을 괴롭힌다는 이야기였습니다.

　평소에 많이 까불고 공부는 못하지만, 그래도 저희 아들이 착한 아이라고 생각했습니다. 덤벙대고 욱하는 성격이 있지만 다른 사람을 괴롭힐 그런 아이는 아닙니다. 이제껏 잘 지내왔는데 올해는 차분하고 깐깐한 선생님을 만났다고 불평하더니 담임선생님과 잘 안 맞아서 문제가 생긴 게 아닌가 생각이 듭니다. 선생님도 사람인데 자기랑 안 맞는 애들이 있고 그래서 유난히 거슬리는 애가 있는 건 아닐까요? 혹시 선생님이 저희 아이를 미워하고 있는 것은 아닌지 의심이 들었습니다.

그리고 집에서와 학교에서의 모습이 다르다면 학교도 문제가 있는 것 아닌가요? 선생님들이 부모들처럼 아이를 사랑으로 보살펴 주지 않아서 이런 문제가 생긴 게 아닌가요?

감정을 배제하고 일단 사실 관계를 확인해 보세요

항상 피해 학생 부모님의 말씀만 듣다가 가해 학생 부모님의 말씀을 듣기는 이번이 처음인 것 같네요(가해라는 말을 받아들이기가 쉽지는 않겠지만 편의상 그렇게 지칭하겠습니다.). 피해 학생의 부모님은 말할 것도 없거니와 가해 학생의 부모님 심정도 좋지는 않을 것입니다. 어떤 입장이든 학교폭력은 누구에게나 불편한 주제라고 생각됩니다. 하지만 문제가 발생했다면 풀어 보려는 방향으로 접근해야 합니다. 그런데 아버지의 말투에서 약간은 회피적인 태도와 학교에 대한 원망이 느껴집니다.

담임교사의 말을 믿을 수 없고 안 좋은 감정이 떠오를 수도 있겠지만 가장 먼저 해야 할 일은 사실을 확인하는 일입니다. 아버지께서는 아이의 말만, 혹은 담임교사의 말만 듣고 상황을 판단하는 것이 아닌가 싶습니다. 문제가 있을 때 가장 먼저 해야 할 일은 객관적인 사실을 확인하는 것입니다. 어떠한 감정도 개입하지 마시고 말입니다. 보통 아이들은 부모님께 자기에게 불리한 말은 빼고 전달하는 경우가 많습니다. 제대로 말했다가는 부모님이 더 화를 내실 수도 있고, 이 상황을 피하고 싶기 때문입니다. 그래서 이렇게 아이 위주로 편집된 말을 전해 들은 부모님은 사실 확인을 해 보지도 않은 채 담임교사나 학교에 항의를 해서 갈등이 증폭되기도 합니다.

사건 해결의 첫 단계는 사실을 인정하는 것입니다

아버지처럼 많은 부모님들이 자녀가 학교에서와 집에서 보이는 모습이 다르다는 점을 인정하지 못합니다. 어떤 부모님은 아버지 경우와는 반대로 집에서는 잘 웃고 말도 잘 하는데 학교에서는 의기소침해 있다는 사실을 인정하지 못하기도 합니다.

그러나 아이의 행동이 집과 학교에서 다를 수 있다는 사실, 학교에서는 문제를 일으키는 아이일 수도 있다는 사실을 인정하는 것이 사건 해결의 첫 단계라고 말씀드리고 싶습니다. 분명 피해 학생이 있기 때문에 문제가 된 것이지 아드님이 미워서 없는 말을 꾸며 내지는 않았을 것입니다. 교사는 아이의 잘잘못을 따지는 것이 아니라 아이가 현재 잘못된 행동을 알아차리고 더 나은 단계로 성숙하고 성장하기를 바라는 것입니다.

12_
공부를 잘하면 애들이
함부로 안 하지 않을까요?

저희 아이가 학교생활을 좀 어려워합니다. 신도시로 전학을 왔는데 일단 주변 여건이 다 갖춰진 곳이 아니고 막 개발되는 곳이라 그런지, 경제적 형편이 좋지 않은 애들도 있고, 거친 애들도 꽤 있는 것 같아요.

저희 아이는 친구를 사귀는 데 좀 소극적인 편인데, 자기 반에 무서워 보이는 애가 많대요. 저희 애는 특별히 잘하는 것도 없고, 게임, 유행, 연예인 같은 것에도 별로 관심이 없어요. 그래서 다른 애들과의 대화에도 잘 끼지 못하나 봐요. 새로 전학 왔다고 은근히 텃세를 부리는 것 같기도 하고요. 거기다가 슬슬 간을 본다고 해야 할까요? 제가 보기에는 무리한 부탁인 것 같은데, 그걸 안 들어 주면 이상한 애로 만드나 봐요.

도대체 어떻게 해야 할지 모르겠습니다. 저희 애가 공부를 좀 열심히 했으면 좋겠어요. 그러면 애들이 함부로 볼 수 없지 않을까요?

지금의 교실은 예전 교실 분위기와 다르답니다

어머니 말씀대로 예전에는 공부를 잘하면 교실에서 친구들이 함부로 하지 못했죠. 그때는 그 어떤 능력보다도 공부 잘하는 것이 우위에 있었던 것 같습니다. 못생겨도, 키가 작아도, 춤을 못 춰도 그 어떤 비호감 요소를 가지고 있어도 공부를 잘하면 다른 애들이 함부로 할 수 없었습니다. 춤을 잘 추거나 노래를 잘하는 등 놀 줄 아는 친구들은 소풍이나 수학여행에서 빛을 발했을 뿐이고요. 학업을 통한 계층 이동이 지금보다 더 활발했기 때문이라고 생각합니다. 공부를 잘하면 뭔가 더 나은 삶을 살 수 있는 가능성이 지금보다 훨씬 높았지요. 그래서 공부를 잘하는 것은 굉장한 능력이고, 다른 능력보다 우위에 있는 매력 요소였지요.

그렇지만 지금 아이들은 그렇지 않습니다. 교육은 계층 이동에 큰 기여를 하지 못하고, 오히려 현재의 계층을 견고하게 고착시킵니다. 부잣집 애들이 공부도 잘한다는 말, 들어 보셨지요? 다양한 능력을 나눠 갖는 것이 아니라, 승자가 모든 것을 갖는 승자독식 체제입니다. 또한 요즘 아이들의 교실 분위기가 어머니가 학교를 다니던 옛날의 교실 분위기와 다르다는 점을 알아야 합니다. 요즘 아이들한테는 공부가 유일한 매력 요소가 아닙니다. 공부 잘하는 것은 아주 특출 난 능력이 아니라 그저 수많은 매력 요소 중에 하나일 뿐입니다. 요즘 아이들은 서울대에 가는 것보다 연예인이 되는 것을 더 부러워합니다. 또 공부를 잘하는 것보다 얼굴 예쁜 아이를, 때로는 집이 부유한 아이를 부러워하기도 합니다. 부모님들도 요즘엔 그렇게 말씀하시지요? 꼭 공부 잘해야 하는 건 아니라고요.

예전에는 공부 잘하는 학생들과 못하는 학생들의 영역이 따로 있었던 것 같습니다. 그래서 공부를 잘하고 다른 것을 못해도 인정받았고, 공부는 못하지만 춤이나 노래, 재미있는 말 등 다른 것을 잘해도 인정받았습니다.

그러나 요즘 아이들에게는 그런 경계가 없는 것 같습니다. 공부는 잘하지만 썰렁한 농담을 하는 아이는 아이들 사이에서 비난받기 일쑤입니다. 요즘에는 공부를 잘한다고 해서 춤을 못 춰도, 노래를 못 해도 되는 것이 아니라, 모든 것을 잘해야 된답니다. 왜냐하면 아이들은 옷잘 입는 것, 좋은 핸드폰을 들고 다니는 것, 얼굴 예쁘거나 잘생긴 것, 재미있는 것 등 그 모든 것을 가지고 경쟁하고 있기 때문입니다. 어머니의 기대와는 다르게 공부만 잘한다고 모든 문제가 해결되지는 않습니다. 오히려 공부만 잘한다면 당할 수도 있습니다.

은연중에 아이에게 가졌던 불만스러운 시선을 거둬야 합니다

분위기를 좀 바꿔 보겠습니다. 어머니께서는 지금 아이의 현재와 미래를 걱정하십니다. 그런데 아이가 적극적으로 친구들을 사귀지 못하고 제대로 세상을 살아가지 못하는 이유가 무엇 때문이라고 생각하십니까? 새로운 학교? 새로운 환경? 거기에서 받은 스트레스 때문에

아이가 약해진 것일까요? 전학이 표면적인 원인은 될 수 있습니다. 그렇지만 그것은 진짜 이유가 아닐 수도 있습니다.

지금 아이가 친구 관계에서 상처를 받았다고 생각하고 있지만, 아이가 받은 최초의 상처는 부모에게서 비롯된 것이라고 합니다. 아이를 가장 사랑하고 가장 염려하는 사람도 부모이지만 동시에 아이에게 가장 상처를 줄 수 있는 사람도 부모입니다. 왜냐하면 가장 큰 상처는 가장 가까운 사람에게서 받는 것이기 때문입니다. 혹시 부모님의 잘못된 기대가 없었는지, 아이를 다그치지 않았는지, 아이들의 말을 경청해 주지 않은 적은 없었는지 살펴보세요. 아이에게 무조건적이고 제대로 된 사랑을 주었는지 부모님께서 먼저 반성해 보세요. 그렇지 않을 수도 있지만 어머니께서는 지금도 친구 관계의 문제를 제대로 보지 못하고, 공부를 잘하면 된다고 생각하고 계십니다. 아이가 공부를 못해도 무시 받지 않고 살 수 있다는 그런 생각을 먼저 가져야 합니다. 그렇지 않으면 어머니께서 은연중 아이에게 가졌던 그 불만스러운 시선으로 아이가 자신을 보게 됩니다.

물론 친구 관계가 좋지 않으니까 공부라도 열심히 해서 실리를 취하라는 말씀을 이해는 합니다. 그러나 간과하신 것이 있습니다. 공부와 친구는 깊은 관계가 있답니다. 친구도 없는데 공부라도 열심히 하라고 쉽게 말씀하실 수 있지만 아이들은 친구 관계가 좋지 않으면 공부도 잘 되지 않는답니다. 그래서 아이들의 관계를 더 잘 봐야 하는 것이기도 하고요.

공부를 잘하는 것보다 자존감을 갖도록 해야 합니다

　공부를 잘하기 위해서, 행복한 학교생활을 위해서, 인생을 잘 살아가기 위해서 친구를 잘 사귀는 것은 무엇보다 중요하고 꼭 필요한 일입니다. 그런데 친구를 사귀기 위해서는 공부보다 중요한 요소가 있습니다. 그것은 바로 자존감입니다. 자존감은 자존심과는 다른 말입니다. 자존감은 자기가 소중한 사람이라는 생각입니다. 학교생활에서 치이는 아이들 대부분이 이게 부족합니다. 아무리 공부를 잘한다고 해도, 이 부분이 갖춰져 있지 않으면 행복한 친구 관계를 만들 수가 없습니다.

　그러면 자존감은 어떻게 만들어질까요? 자존감은 다른 사람보다 무엇을 잘해서 생기는 것이 아니랍니다. 아이가 자신의 잘난 점, 못난 점을 있는 그대로 받아들일 수 있을 때 생기지요. 스스로 '난 괜찮은 사람'이라고 생각할 수 있어야 하죠. 그러기 위해서는 타인 특히 부모님으로부터 자신의 잘난 점뿐 아니라 스스로 못난 점이라고 생각하는 부분까지도 그대로 소중하게 받아들여지는 경험이 필요합니다. 여기기까지는 부모님들도 보통 알고 계십니다. 그런데 잊지 말아야 할 것이 있습니다. "너는 소중하단다"라는 한마디 말보다 직접 부모님이 자신의 모습으로 모범을 보여 주시라는 겁니다. 부모님 스스로가 자존감이 낮다면 아이도 자존감이 낮을 수밖에 없어요. 부모님께서 자신의 약점을 미워하고 받아들이지 못하면서 아이에게 "네가 어디가 어때서 그래? 그래도 괜찮아" 하고 말하는 것은 한계가 있어요. 아이도 다 알

고 있습니다. 부모님 자신도 하지 못하면서 아이한테 요구하는 것을
요. 자식의 자존감뿐 아니라 자신의 자존감은 괜찮은지 진단해 보세
요. 우리가 아이들을 키우면서 어른들도 함께 자라나야 하지 않으면
안 되는 이유가 여기에 있는 것 같습니다.

13_
아이를 대안 학교에
보내 보면 어떨까요?

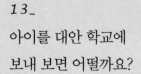

텔레비전에서 학교폭력 사건을 보면 정말 무서워요. 저희 애 말을 들어 봐도 그렇습니다. 저희 애는 초등학교 5학년인데 벌써부터 반 애들 사이에서 따돌림이 심하다고 합니다. 저희 애도 혹시 당하지 않을까 싶어서 옷도 유행에 맞춰서 입게 하고, 귀도 뚫어 달라면 뚫어 주고, MP3나 휴대폰도 원하는 것으로 사 주고 있어요. 저희는 여하튼 애 말을 잘 들어주면서 노심초사하고 있습니다.

그리고 대안 학교에 보낼까 생각하고 있습니다. 꼭 학교폭력 문제가 아니더라도 아이를 좀 인간답게 키우고 싶은 욕심이 있습니다. 일단 많은 애들이 경쟁하면서 익명으로 살아가는 국공립 학교보다는 소수의 아이들이 선생님들의 관심을 더 받으면서, 좀 더 의미 있는 교육과정에서 공부할 수 있다면 대안 학교가 더 낫지 않을까 생각하고 있어요. 대안 학교가 완벽할 수 없다고 해도 지금 상황에서는 하나의 대안이 될 수 있다고 믿고 있습니다. 저희 애처럼 숫기 없고 눈에 띠지 않는 애는 대안 학교에 보내면 더 낫지 않을까요? 만약 대안 학교도 대안이 될 수 없다면 유학을 보낼 생각도 하고 있습니다. 우리나라에서 제대로 된 교육을 받게 할 수 없다면 외국에라도 보내야죠. 극성이라 생각할지도 모르겠지만 상처받으면서 여기서 견디는 것보다는 낫다고 생각하고 있습니다.

아이 환경 바꾸기, 과연 최후의 방법인가 아니면 회피인가?

그렇게 생각하실 수도 있겠네요. 세상이 험하다 보니 요즘 부모님들 걱정이 참 많으시죠. 어느 부모님인들 자식에 대한 걱정이 없으시겠어요? 그리고 더 나은 것, 더 좋은 것을 주고 싶은 마음이야 어느 부모님인들 다르겠습니까? 다만 부모님의 의도와는 다르게 나쁜 결과가 나오지나 않을까 신중을 기하고 있는 것이겠지요. 저는 어머니께 그것이 회피인지 적극적 선택인지 스스로 판단해 보시라고 말씀드리고 싶습니다. 가장 좋은 것은 문제가 생긴 지금, 그 자리에서 해결하는 것입니다.

물론 아이 환경을 바꿔 주는 게 효과가 있을 때도 있습니다. 실제로 학교폭력 피해자나 가해자가 전학을 가거나 학급을 교체하는 경우도 있습니다. 감기에 진통제나 해열제가 전혀 의미 없지 않은 것처럼 극심한 학교폭력의 경우 가해자와 피해자를 분리시키는 것은 좋은 방법이기도 합니다. 그러나 앞서 제가 어머니의 의견에 찬성하지 않았던 이유는 그것이 회피로 보였고 여러 가지 모든 방법을 강구해 보고 나서 취하는 최후의 방법이 아니었기 때문입니다. 문제를 좀 더 근본적으로 살펴보십시오. 분명 문제가 있는 부분이 보일 것입니다. 여러 가지 방법을 생각해 보고, 모든 노력을 다 기울였는데도 별 효과가 없을 때는 어머님 말씀처럼 대안 학교에 보내든지, 유학을 보내든지 하십시오. 저는 환경을 바꾸는 것이 여러 가지를 고려하고 내린 신중한 결정이기를 바랍니다.

모든 선택은 모험입니다

어머니께서는 확실한 대답을 얻고 싶어 하시는 것 같습니다. 제가 "대안 학교에는 학교폭력이 없다"고 말씀드린다면 어머니께서는 만족하시겠죠. 그러나 사실은 그렇지 않습니다. 인간 사회 모든 곳에서 인정받기 위해 서로 투쟁을 벌입니다. 아이들 세계도 마찬가지고요. 이런 세상에서 완전한 무풍지대를 찾는 것은 사실상 어렵습니다. 모든 선택은 모험입니다. 국공립 학교에서도 학교폭력을 당하지 않고 잘 지낼 수 있고, 대안 학교에서도 학교폭력을 당할 수 있습니다. 실제로 대안 학교에 자녀를 보냈는데 자녀가 학교폭력을 당해서 분노하는 부모님을 만난 적이 있습니다. 대안 학교의 적은 학생 수가 친구 관계에 문제가 생겼을 때는 오히려 아이에게 더 잔인한 감옥이 될 수 있습니다. 지금처럼 막연한 기대를 갖고 대안 학교에 보냈을 때, 어머니와 아이가 겪게 될 그 실망감이 저는 더 걱정입니다. 어떤 곳에서도 문제를 만

날 수 있습니다. 대안 학교에 학교폭력이 있는지, 없는지 여부보다 그
것을 해결하는 태도가 더 중요하다고 생각합니다. 회피할 것인가, 의
연하게 풀어갈 것인가. 이것은 그 문제뿐 아니라 다른 문제를 푸는 방
식에도 영향을 미칠 것이라 생각합니다.

피해자들끼리 모여도 폭력이 발생할 수 있습니다

  제 경험을 말씀드리겠습니다. 제가 담임교사를 했던 반 이야기입
니다. 저희 반은 처음에 아주 조용한 반이었습니다. 저희 반 아이들을
앞서 가르쳐 봤던 선생님들은 저희 반 아이들을 보고 반장감이 없다
고 했습니다. 반장감만 없는 것이 아니고 일진같이 다루기 힘든 아이
들도 없었습니다. 또한 나서는 애들만 없는 게 아니라 알고 보니 학교
폭력 피해자들이 많은 반이었습니다. 저는 아주 순한 애들을 맡게 돼
서 다행이라고 생각했습니다. 그러나 그런 다행스러움은 오래가지 못
했습니다. 학교폭력 피해자끼리 모였다고 해서 자연스럽게 평화가 찾
아오지는 않았습니다. 그 순한 아이들이 어느 순간부터 '센 척'을 하기
시작했습니다. 호랑이 없는 굴에 토끼가 왕 노릇 한다고 아이들은 점
점 작년과 다른 모습을 보이기 시작했습니다. 저는 그 반을 맡았던 해
가 어느 해보다 힘들었던 기억이 납니다. 오죽하면 따돌림이 학교폭력
피해자 캠프에서도 발생했겠습니까? 누구보다도 학교폭력의 힘듦을
잘 아는 아이들인데 말입니다. 어머니는 대안 학교에서는 학교폭력이

없을 거라고 기대합니다. 그러나 자연 상태로 가만히 두면 어느 집단이든 폭력이 발생할 수 있습니다. 폭력의 구조를 없애지 않으면 폭력은 언제든지 발생할 수 있습니다. 이것은 제가 힘들게 보낸 그해에 얻은 교훈입니다.

유학을 가서도 따돌림을 당한다면 어떻게 하시겠습니까?

어머니께서 최후의 방법이라고 생각하는 유학에 대해서 말씀드려 보겠습니다. 심각한 따돌림이나 학교폭력이 발생하는 이유를 우리나라 특유의 경쟁적인 입시 위주 교육 환경 때문이라고 보는 사람도 있습니다. 그것이 때로는 일반인들에게 아주 설득력 있게 다가가는 것 같습니다. 그래서 아이를 경쟁적인 입시 교육이 덜한 외국으로 보내면 좀 더 안전하지 않을까 기대합니다. 그러나 외국에도 따돌림이나 학교폭력 문제가 없는 것은 아닙니다. 미국의 콜롬바인 사건이나 스웨덴의 총기 사건을 들어 보셨을 것입니다. 외국에서 학교폭력 문제가 심한 것을 두고 사람들은 인종 문제나 무분별한 총기 허용이 원인이라고 말합니다. 저희는 동의하지 않지만 인종 문제로 차별을 받거나 학교폭력을 당하게 된다면 어떻게 하시겠습니까? 그때는 한국에 돌아와도 불편하고, 외국에서도 영원한 이방인으로 살아가야 합니다. 지금, 이 자리의 문제를 지금, 여기에서 풀어 가려는 노력이 절실히 필요합니다. 문제라고 생각하는 부분을 과감하게 말하고 함께 풀어 가 봅시다.

아이 말을 들으면서 노심초사하는 부모의 모습을 이제 버려야 합니다. 어머니처럼 고민하시는 분이 어머니 한 분만은 아닐 것입니다. 그렇다면 그런 분들이 모두 모여서 새로운 학교 문화를 만드는 데 앞장서 보면 어떨까요? 아이는 자신을 안전한 곳으로 피신시키기보다 적극적으로 싸워서 이기는 부모님의 모습에 더 큰 힘을 얻을 것입니다.

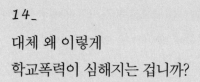

14_
대체 왜 이렇게
학교폭력이 심해지는 겁니까?

　텔레비전에서 심각한 학교폭력 사건이 터졌다고 하면 저는 이제 분통이 터집니다. 학교폭력 문제는 하루 이틀 일이 아니지 않습니까? 그런데 어떻게 해결하기에 점점 더 심각해지는 겁니까? 저는 세금도 잘 내고, 학교에 등록금, 급식비 등도 밀리지 않고 잘 냅니다. 게다가 학부모 총회 있으면 꼬박꼬박 참석하고, 학교에서 필요하다고 하는 것은 되도록 다 하려고 하는 사람입니다.

　그러면 우리 애들이 편하게 학교 다닐 수 있게 학교나 국가가 만들어 줘야 하는 거 아닙니까? 그런데 왜 그렇지 않은 겁니까? 노력은 하고 있는 겁니까? 줄어들기는커녕 점점 심해지고 늘어갑니다. 도대체 언제 맘 놓고 학교를 보낼 수 있는 겁니까? 어물거리다가 시간 다 가고 애들이 다 자라고 나면, 그 애들이 힘들게 산 세월은 누가 보상해 줄 겁니까?

　저는 사건이 터질 때마다, 점점 더 심한 사건이 터질 때마다 정말 알고 싶습니다. 도대체 왜 이 문제가 이렇게 해결이 안 되는 겁니까?

정부가 내놓은 일련의 대책들의 문제점

저도 아버님과 같은 생각입니다. 왜 이런 일들이 계속 일어나게 하는 것인지, 왜 좀 더 근본적인 대책을 세우지 않는 것인지 화가 납니다. 아버님 말씀처럼 아이들이 맘 놓고 학교에 다닐 수 있도록 학교나 국가가 나서야 하는데 지금까지 그렇지 못해 왔던 게 사실입니다. 교육부가 학교폭력 문제를 해결하겠다고 지금까지 해 왔던 정책들을 한번 보겠습니다. CCTV를 설치했고 학교 안전 지킴이 선생님을 배치했습니다. 그리고 정기적으로 생활지도부에서 주관하는 학교폭력 설문지가 있었습니다. 학교에는 학교폭력 예방 교육의 의무가 있어서 연 2회 이상 실시해야 하지만, 강당에서 일률적으로 행해지는 형식적인 교육이 있어 왔을 뿐입니다. 학교폭력이 일어나면 학교에서는 학교폭력대책자치위원회를 열게 됩니다. 자치위원회에서는 피해자의 보호, 가해자의 처벌을 주요 논의 대상으로 하는데, 앞에서 말씀드린 학교장의 학교폭력 예방 교육의 의무나, 학교폭력대책자치위원회의와 같은 기구의 설립 근거는 2004년에 제정된 학교폭력 예방 및 대책에 관한 법률에 의해서였습니다.

이 조치들의 공통점은 주로 사후 처리 중심이라는 점입니다. 사후 처리 중심이라는 것은 이 조치들이 문제가 발생했을 때 피해자를 어떻게 보호하고 가해자를 어떻게 처리해야 할지에 대한 논의가 주안점이라는 것입니다. 이게 왜 문제인지 얼른 감이 오지 않을 겁니다. 피해자나 가해자만 없어지면 그 학급에 평화가 오리라는 것은 너무나 단순한 생각입니다. 피해자나 가해자가 그 집단에서 사라져도 폭력을 용인했던 학급이나 학교 분위기가 없어지지 않는다면 학교폭력 문제는 사라지지 않습니다. 폭력을 둘러싼 환경은 손보지 않고 피해자나 가해 당사자를 썩은 콩 골라내듯 하는 것은 미봉책에 불과한 것입니다. 호랑이 없는 굴에 토끼가 왕 노릇 하는 것과 같은 이치이지요. 물론 피해자나 가해자 처리도 잘 해야지요. 그렇지만 피해자와 가해자만 처리하는 것은 제대로 된 사후 처리가 아닙니다. 더 근본적인 사후 처리는 집단의 폭력 구조를 바꾸는 것입니다. 그리고 사후 처리를 아무리 잘 한다고 해도 예방을 잘하는 것만 못합니다. 학교폭력 예방 및 대책에 관한 법률에서는 예방 교육의 의무를 규정해 놓고 있긴 하지만 학급 단위도 아니고 강당에서 전체가 모여서 받는 교육이 얼마나 효과가 있겠습니까?

또 하나의 특징은 학교가 아닌 경찰이나 학교폭력 SOS 지원단 같은 외부 기관이 점점 이 문제에 관여하게 된다는 점입니다. 정부가 2012년 발표한 '학교폭력근절종합대책'을 보면 경찰청이 '일진 경보제'를 도입하는데 학교에서 위협적인 소모임, 즉 일진에 의한 일정 수준 이상의 위험이 감지되면 경찰이 피해 사실을 전수 조사하는 조치를 취한다고 합니다. 또 학교폭력 SOS 지원단도 학교폭력에 관한 모든 문제를 도와주겠다며 문의하라고 합니다. 하지만 조직 폭력배와 연결된 일진 문제를 해결해 주겠다는 경찰도, 학교폭력 분쟁 조정을 비롯한 모든 것은 자신들에게 문의하라고 하는 SOS 지원단도 학교폭력 문제를 해결할 수는 없습니다. 교육계의 이권을 보호하기 위해서 학교폭력 문제에 다른 집단들이 개입하는 것을 염려하는 것이 아닙니다. 흔히 학교는 외부 세계에 폐쇄적이라는 오해를 받습니다. 그러나 외부 집단의 개입을 반대하는 이유는 그 집단들이 학교폭력 문제를 절대 풀 수 없기 때문입니다. 왜 그런지 지금부터 설명해 보겠습니다.

외부 세력이 개입해서 학교폭력을 막을 수 없다고 하는 이유는 그 집단들이 왜 학교폭력이 일어나는지 구조적으로 알지 못하기 때문입니다. 경찰은 조직폭력배와 연결된 일진 세력을 소탕하면 학교폭력이 없어진다고 생각할지 모릅니다. 그러나 학교에서 학교폭력은 일진에 의해서만 일어나는 것입니까? 이것만 없어지면 학교폭력이 사라지나요? 학교나 학급이라는 집단 안에서 소소하게 일어나는 폭력의 징후를, 또 그 원인을 경찰은 알 수도 없고, SOS 지원단도 막아 낼 수 없습니다. 그리고 이 모든 외부 세력은 앞서 말씀드린 것처럼 사후 처리를 목적으로 하고 있습니다. 그러나 근원적으로 막아 내기 위해서는 예방이 필요합니다. 병이 났을 때 잘 고치는 의사는 명의(名醫)라는 소리를 듣게 됩니다. 그러나 더 대단한 것은 평소에 좋은 습관으로 병이 나지 않게 하는 것입니다. 병을 잘 고치는 명의라는 소리를 듣지 못해도 좋은 습관을 갖도록 옆에서 관리하고 잔소리하는 사람이 필요한데, 그 역할을 할 수 있는 사람들이 누구라고 생각하십니까? 즉 학교나 학급의 집단 성격을 파악하고 예방 교육을 책임지고 할 수 있는 사람들이 누구라고 생각하십니까? 학교 안의 사람들이 아니겠습니까? 학교 밖 사람들이 절대로 할 수 있는 게 아니겠지요? 외부 세력의 개입을 반대하는 이유가 바로 여기에 있습니다.

처벌 위주의 학교폭력 예방 대책은 협박일 뿐입니다

정부의 대책을 보면 학교폭력 예방을 위해 나름대로 고민한 흔적이 느껴집니다. 그러나 가장 주안점을 두는 것은 가해자에 대한 처벌 강화입니다. 가해 학생에 대한 처벌 강화는 매번 일관된 흐름이었는데 이번에는 생활기록부에 기록한다는 점을 추가했습니다. 기록 보존 기간에 대한 논란이 많았는데 비교적 경미한 것(서면 사과, 접촉·협박 금지, 학교 봉사, 학급 교체)은 졸업과 동시에 삭제되고 사회봉사 특별 교육 이수 또는 심리 치료, 출석 정지 등은 졸업한 뒤 2년이 지나면 삭제하도록 했습니다. 이 대책은 처벌 그 자체를 목적으로 삼았다기보다는 그나마 예방을 목적으로 생각해 낸 조치라는 생각이 들어 다행이긴 하지만 이러한 예방법은 '위협'이나 '협박'에 가까운 것입니다. 사회에서는 일반적으로 범칙금이 올라간다거나 형량이 늘어난다고 해서 범죄가 줄어들지 않습니다. 특히 뒷일을 생각하지 않고 우발적으로 일어나는 청소년 범죄의 특징을 생각해 본다면 처벌 강화가 학교폭력을 막는 데에 얼마나 효과적일지 알 수 없습니다.

저희가 생각하는 예방법은 아이들에게 우정과 화합을 가르치는 것입니다. 아이들은 권력을 갖기 위해 투쟁하지만 동시에 평화에 대한 욕구도 가지고 있습니다. 이것을 얼마나 잘 끌어내는가 하는 것이 예방 교육 성공의 관건이라고 할 수 있겠죠. 친구의 소중함과 친구 관계를 가꾸어 가는 법을 가르치지 않고, 학교폭력을 행사하면 무서운 처벌을 받는다는 것만으로 협박하는 것은 절대 제대로 된 해결책이 될 수 없습니다.

또한 아버지께서 왜 이렇게 해결이 안 되는 것이냐고 질문하셨는데, 학교나 교육 당국은 지금까지 해결 의지가 전혀 없었던 것일까요? 그렇게 생각할 수도 있지만 자세히 살펴보면 '무엇이 해결인가'에 대한 생각이 아주 다른 것 같습니다. 보통은 가해자의 처벌이나 피해자의 보호가 얼마나 잘 이루어졌는가로 해결의 정도를 판단합니다. 피해자에 대한 피해 보상 및 가해자의 전학이나 징계 등이 피해자나 가해자 쪽 모두에게 불만이 없는 선에서 잘 이루어졌는가를 해결이라고 생각하는 것 같습니다. 그러나 이것은 진정한 해결이라고 할 수 없습니다.

폭력 문제의 진정한 해결이란 가해자의 '반성' 및 피해자와 가해자의 '화해'에 있습니다. 이것이 제대로 이루어지지 않기 때문에 금전적 보상 문제로 비화되는지 모르겠지만, 진정한 해결이란 관계의 회복이어야 합니다. 이것을 이뤄 내기 위해서는 많은 노력이 필요합니다. 가해자의 공개 사과, 가해자와 가해자 학부모의 재발 방지 약속, 교내 봉사나 사회봉사, 기관에서의 특별 교육 이수, 상담 등 정도와 수준을 달리하는 많은 과정들이 필요합니다. 이 절차들을 통해 자신의 잘못을 반성하게 만들어야 합니다. 그리고 그 반성을 바탕으로 다시 관계가 회복되어야 합니다. 민법 혹은 형법에 의한 해결은 진정한 해결이 아닙니다. 이것으로 아이의 마음에 생긴 상처를 치유할 수 없습니다. 이렇게 입장 차이가 생기는 것은 지금까지 해결이라는 용어를 서로 다른 개념을 가지고 사용해 온 때문이 아닌가 생각이 듭니다.

학교와 교육부의 구조를 바꾸어야 합니다.

　　학교와 교육부의 구조 개편 없이 학교폭력을 없앨 수 없습니다. 내용의 질적인 변화는 반드시 형식적 변화를 초래합니다. 그러나 지금까지 학교폭력을 없애겠다고만 했지, 학교나 교육부의 모습은 바뀐 것이 없습니다. 먼저 학교는 연구부와 교무부가 중심입니다. 학교의 보직 중에서 가장 으뜸이라고 하는 것이 교무부장과 연구부장의 자리입니다. 이 말은 학교가 학생의 생활 중심이 아니라 행정 업무 중심이라는 뜻입니다. 학교폭력 업무는 부서로 존재하지 않고 학생생활지도부의 하위 부원 한 사람이 맡는 경우가 많습니다. 담임교사가 학급에서 학교폭력 문제로 고심하고 있을 때 적극적으로 지원하고 조언해 주는 전담 부서가 없습니다. 학급별 학생 수를 줄이는 대신에 복수담임제를 고려하는데, 이것만으로 담임교사의 고충이 줄어들지 않습니다. 교사가 학교폭력을 은폐하면 성적 조작이나 성폭력 범죄를 저질렀을 때와 똑같은 수준으로 징계하겠다고 협박하면서 왜 교사들이 더 잘할 수 있는 여건은 만들어 주지 않을까요? 학교폭력 전담 부서가 그렇게 쉽게 생길 수 있을까 의심할 수도 있지만, 국가 수준의 학업성취도 평가 실시와 더불어 최근에 학교마다 학력향상부가 생겼습니다. 물론 진로상담부도 따로 있고요. 아이들의 학교폭력을 없애는 일은 학력 향상만큼 중요한 일입니다. 교육부의 구조 역시 마찬가지입니다. 학교폭력 전담 부서와 학교폭력만 담당하는 담당자를 배치해야 합니다. 그렇지 않고 정책만 남발했을 때 그것을 누가 책임지고 추진해 나갈 수 있겠습니까?

　외부 단체들은 학교폭력 문제를 해결하는 데에 한계를 가지고 있다고 말씀드렸습니다. 학교는 학업성취도와 학생 진학도 신경 써야 하지만 학교폭력 문제를 해결하는 데 가장 앞장서야 합니다. 학교가 학교폭력 문제의 주체가 되고 필요할 때 외부 전문가에게 자문을 청하는 방식이어야 합니다. 학교는 사후 처벌에만 신경 쓸 것이 아니라 전문적인 예방 교육 기관으로 거듭나야 합니다. 그러기 위해서는 학교와 교사에 대한 제도적 지원이 필요합니다. 교사들이 학교폭력 문제에 대해 배우고 싶어도 배울 곳이 없는데 사고가 발생하면 학교장 및 담임교사에게 '직무 유기'의 책임과 도의적 책임을 묻습니다. 그러나 많은 사람들의 생각과는 달리 현재 교사들에게는 학교폭력 발생시 신고의 의무와 비밀 유지의 의무가 있을 뿐입니다. 그리고 형법에서 책임 무능력자에 대한 감독의 의무가 있습니다. 교사들은 이런 상황에서 무력할 수밖에 없습니다. 학교와 교사가 학교폭력 문제 해결의 중심에 놓이기 위해서는 무엇이 필요한지 다시 한 번 생각해 보았으면 합니다.

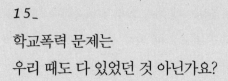

15_
학교폭력 문제는
우리 때도 다 있었던 것 아닌가요?

고등학생 아들을 둔 아버지입니다. 요즘 학교폭력 문제로 시끄러운데 이런 분위기를 보면서 이해할 수 없는 점이 있습니다. 방송을 보면 학교폭력이 심한 것 같지만 전체 문제는 아니고 일부가 그런 것이겠지요. 그리고 그런 건 우리 학교 다닐 때도 있었던 일 아닌가요?

가방 들어 주기나 집단 패싸움, 일진 문제, 뭐 이런 것은 우리 학교 다닐 때도 다 있었는데, 지금 갑자기 생긴 것처럼 얘기하는 게 이상합니다. 또 어떤 브랜드의 옷이 애들 사이에서 유행하고 그 중에서도 비싼 옷 입은 애가 '대장'이라고 하는데, 교복 줄여 입기나 늘려 입기는 선생님들 눈 피해 가면서 우리 때도 다 하지 않았냐는 거예요. 어른들이 생각이 안 나서 그러는 건가요? 아니면 그런 걸 말하기 창피해서 그러는 건가요?

이 문제가 없어져야 한다는 건 알겠지만, 새삼스럽게 호들갑을 떨어야 하는지 잘 모르겠습니다. 이런 건 인간 세상 어디 가나 피할 수 없는 문제이고, 누구나 이런 것들을 이겨 내면서 어른이 되는 거 아닌가요? 애들이 알아서 해결해야 하는 이런 일들을 하나하나 어른들이 다 해결해 주니까 요즘 애들이 너무 약해지는 게 아닌가 생각됩니다. 우리가 애들을 너무 약하게 키우는 건 아닐까요?

학교폭력은 통과의례가 될 수 없습니다

아버님 말씀처럼 요즘 아이들이 예전에 비해서 인내력도 없고 패기도 부족한 것 같습니다. 부모님의 과잉보호도 그 원인이 될 수 있겠지요. 안쓰럽지만 혼자서 이겨 내어 더 강해질 수 있게 옆에서 응원하고 지켜보는 것도 어른의 몫이라 생각합니다.

그러나 제가 말씀드리고 싶은 것은 그것이 어떤 종류의 시련이나 실패인지 먼저 살펴보라는 것입니다. 간혹 어른들도 감당할 수 없을 만큼의 시련이나 실패 앞에서는 스스로 목숨을 끊습니다. 아이들이 겪는 학교폭력의 문제가 어른들의 입장에서는 별것 아닐지 모르지만, 아이들 입장에서는 엄청나게 절박하고 심각한 일입니다. 야무지지 못하게 그것 하나 알아서 해결 못 하냐는 말은 아이에게 더 큰 상처를 줍니다. 어떤 질병은 한 번 앓고 나면 평생 면역이 생기지만, 생명 자체에 지장을 초래할 만큼 치명적인 질병도 있습니다. 학교폭력은 그런 무서운 질병이고 아픔입니다. 학교폭력을 더 이상 통과의례로 생각해서는 안 됩니다.

학교폭력은 치유되더라도 깊고 큰 흉터를 남깁니다

학교폭력 문제가 심각한 이유는 아이들의 시기가 정서와 인격이 결정되는 '결정적 시기'이기 때문입니다. 사람은 평생 자라고 변한다고 하지만, 어른들은 아이들에 비해 쉽게 변하지 않습니다. 변화와 성장이 가능하다는 말은 무르고 유연한 상태에 있다는 뜻입니다. 아이들의 몸과 마음은 무르고 유연합니다. 그래서 성장과 교육이 가능합니다. 그런데 이 시기에 상처를 입게 되면 그 상처가 무른 살에 큰 충격을 입혀 더 이상 자라지 않는 또는 이상하게 뒤틀려 버린 영혼의 모습으로 굳어져 버립니다. 그 시기에 한 번 겪은 것이라 할지라도, 그렇게 영혼의 모습이 만들어져 버리면 돌이키기 어렵습니다. 좀 거칠게 말하면 영원한 패배자가 될 가능성이 높다는 것입니다. 자기에 대한 인식이 굳어져 버리는 시기이고 이때 생긴 자아상으로 아이들은 세상을 탐색해 가니까요.

그러나 그렇지 않은 사람들도 있긴 합니다. 불우한 청소년기를 겪었지만 당당히 극복한 사람들도 있지요. 어떻게 그런 일이 가능했을까요? 제 이야기에 따르면 한 번 거푸집에서 주조된 영혼은 더 이상 변하지 않아야 맞는데요. 그것은 그 사람이 고통을 극복하려고 부단히 노력했기 때문입니다. 아무나 흉터를 아름다운 무늬로 만들 수는 없습니다. 흉터가 아름다운 무늬로 바뀌기 위해서는, 그러한 비약이 있기 위해서는, 원래 있었던 존재가 파괴되고 다시 새롭게 태어나는 '거듭남'의 비밀이 있었겠죠. 그것을 모르고서, 네가 아무리 힘들고 아프다고 해도 저렇게 대단해진 누구를 봐라, 하면서 다른 이들에게 뼈를 깎는 고통과 노력을 강요할 수는 없습니다. 보통 학교폭력은 치유된다 해도 깊고 큰 흉터를 남깁니다. 그리고 그 흉터 또한 자라나게 됩니다.

요즘 아이들의 세계는 아버지 세대와 전혀 다릅니다

아버님의 처음 질문으로 돌아가 보겠습니다. 학교폭력은 우리 때도 있었고, 누구나 그렇게 아프게 자란다고 하셨지요? 그렇지만 그 시대와 지금은 질적으로 다른 사회라고 생각됩니다. 그때의 아버님과 지금의 아들은 나이만 비슷할 뿐입니다. 아버님이 자라던 때는 지금처럼 공동체가 파괴되지 않았습니다. 가만히 있어도 나는 누구의 아들, 누구의 손자이고, 누구네 집 몇째 아들이었습니다. 이것은 노력해서 얻은 것이 아니라 자연스럽게 얻을 수 있었던 본인의 자리였습니다. 사람들은 타인에게 인정받기 위해 살아가지만, 그때는 기를 쓰고 애쓰지 않아도 공동체로부터 받게 되는 최소한의 인정이 있었습니다. 그런데 빠른 산업화 속에서 우리는 그 공동체가 다 파괴되었습니다. 옆집에 누가 사는지도 모릅니다. 아파트 엘리베이터에 다른 사람이 타면 불편하고, 윗집 아이들이 뛰어서 시끄러우면 살인이 나는 세상에서 살고 있습니다. 저는 사람들이 명절에 극심한 교통 정체를 뚫고 시골에 가는 이유를 최소한의 인정이 있었던 시절에 대한 향수라고 생각합니다. '만인의 만인에 대한 투쟁'을 하면서 살아가는 고달픈 영혼들이 위로

받고 쉬고 싶어서요. 위로받고, 인정받을 자리가 없는 요즘 아이들은 모든 것을 걸고 싸움을 합니다. 외모, 성적, 핸드폰, MP3, 운동화, 말발, 심지어 게임 레벨까지 일상의 모든 영역에서 인정받기 위해 투쟁합니다. 이런 아이들의 삶이 아버님이 사셨던 시대와 같다고요? 아니지요. 그건 지나친 비약이고 일반화입니다.

요즘 사회가 옛날과 무엇이 다른가 하면 승자독식의 사회라는 것입니다. 갈수록 가진 자가 모든 것을 싹쓸이하는 세상이 되어가고 있습니다. 요즘에는 있는 집 아이들이 공부를 더 잘한다는 얘기를 합니다. 그리고 그런 아이들이 성격도 좋고 외모에서도 부티가 난다고 합니다. 어떤가요? 너무 잔인하지 않습니까? 가난해서 서러운데, 공부도 못하고, 외모도 못나고. 그중 하나도 가지지 못한 아이들이 하나라도 갖기 위해 벌이는 투쟁들이 너무 안쓰럽지 않습니까? 그러한 것들이 요즘 아이들의 세계입니다. 이러한 모습들이 아버지의 세대와는 많이 다르지 않나요?

아이들은 일상에서 폭력의 유혹을 쉽게 뿌리칠 수 없습니다

아이들의 일상이 권력 투쟁이라고 말씀드렸습니다. 권력 투쟁의 현장에서 쉽게 유혹을 느끼는 것이 폭력입니다. 아이들이 폭력을 쉽게 받아들이는 이유는 강자의 삶을 지향하고 있기 때문입니다. 폭력을 쓴다고 강자가 되는 것은 아니고, 강자라고 다 폭력을 쓰지는 않죠. 그러나 아이들은 폭력을 쓰면 강자가 될 수 있다고 생각해요. 특히 남자아이들의 삶에서는, 폭력을 사용하지 못하는 것이 능력 없음으로 보입니다. 멋진 남자 배우들의 폭력은 '남자다움'이나 '멋있음'으로 은연중에 인식됩니다. '남자다움=멋있음=폭력=권력'. 이런 어처구니없는 등식이 아이들에게는 너무 쉽게 자리 잡게 되었습니다. 게임, 드라마, 영화, 만화, 비디오, 소설 등 문화 산업 전반이 아이들에게 이렇게 가르치고 있습니다.

또한 요즘 학교폭력 문제를 접했을 때 느껴지는 것은 아이들이 죄의식이 없고 반성할 줄 모른다는 것입니다. 가해 학생은 피해 학생의 처지에 공감하지 못합니다. 학교 현장에서 그런 학생들에게 역지사지의 마음을 갖게 하는 것이 굉장히 어려웠습니다. 물론 어느 시기에나 어른들은 신세대들의 가벼움과 철없음을 한탄하고 지금의 아이들에게도 이러한 심정을 느낄 것입니다. 그러나 지금 시기가 더 걱정되는 것은, 갈수록 사이코패스 형 인간이 늘어나고 있다는 점입니다. 이러한 시기를 살아가고 있는 아이에게 그런 건 예전에도 있었다고, 애들은 다 싸우면서 크는 거라고 말씀하시는 건 아이에게 너무 잔인한 말씀 아닐까요?

아이 마음에 힘을 실어 주어야 합니다

지금 시대가 이전과 많이 달라서 아이들이 겪고 있는 고통이 크기 때문에 학교폭력을 아이 혼자 겪게 가만히 놔두면 안 된다는 점을 설명했습니다. 아버님께서는 여전히 학교폭력을 아이가 혼자서 이겨 냈으면 좋겠다는 소망을 가질 수 있습니다. 어떤 양육 태도를 취하실 것인지는 아버님께 달렸지만 직접 개입하지 않더라도 뒤에서는 아이에게 힘을 실어 주셔야 합니다. "힘들었겠구나", "지금이라도 우리가 알게 되어 다행이다", "부끄러워 말아라", "넌 항상 우리의 소중한 자식이고 이 문제 해결을 위해 너와 함께하겠다", "두려워 말고 약해지지 말자" 등 아버님의 심리적인 응원이 아들에게 반드시 전달되어야 합니다. 아이 마음에 힘을 실어 주는 것과 수수방관은 다릅니다. 자유를 주겠다는 아버님의 의지가 아들에게 무관심이나 방임으로 느껴지면 안 됩니다. 아들에 대한 아버지의 애정이 반드시 전달되어야 한다는 뜻입니다. 아들을 향한 아버지의 간절한 마음이 꼭 전달되길 바랍니다.

16_
선생님이 저희 아이를
너무 나쁘게 보시는 것 같아 억울합니다.

초등학생 남자아이를 둔 학부모입니다. 며칠 전 담임선생님으로부터 우리 아이가 반 친구를 때렸다는 연락을 받았습니다. 아이가 장난이 심하고 가끔 폭력적인 성향이 나타나며 야단쳐도 잘 반성하지 않는다는 말씀이었습니다. 아이에게 물으니 때리려고 했던 게 아니라 함께 놀다가 장난으로 한 건데 주먹이 좀 세게 나간 것 같다고 했습니다. 일부러 그런 것도 아닌데 선생님께서 너무 심하게 야단을 치셔서 억울하다는 것이었습니다.

아이가 남자아이이고 장난기가 많다 보니 그동안 담임선생님들이나 친구 부모님들로부터 이런저런 이야기를 들었던 것은 사실입니다. 물론 우리 아이가 잘못한 면도 있겠지만 가끔은 선생님께 원망스러운 마음이 들기도 합니다. 똑같은 장난을 쳐도 우리 아이가 이미 낙인찍혀 유독 더 야단치시는 건 아닌지, 아이의 입장은 들어보시지도 않고 일방적으로 야단치시는 건 아닌지, 남자아이들 사이에 놀다 보면 있을 수 있는 일을 너무 지나치게 바라보고 학교폭력의 가해자로 보시는 건 아닌지 하는 생각에 억울한 마음이 듭니다. 아이를 어떻게 가르쳐야 할지 답답합니다.

피해 입은 아이의 입장이 되어 생각해 보세요

아이를 키우다 보면 별의별 일들을 다 겪게 되죠? 부모가 된다는 건 부모에게도 진짜 어른이 되는 성장의 과정인 것 같습니다. 아이를 보며 자신을 돌아보는 계기가 되기도 하니 말이죠.

참 속상하시겠습니다. 아이가 맞고 오는 것과 때리고 오는 것 중에 어느 쪽이 부모로서 더 속상할까요? 사람마다 다르겠지만 때리고 오는 것도 참 마음 아픈 일이겠죠. 교사로부터 차별 대우를 받고 있는 것 같아 더욱 속상한 마음인 것 같군요. 아이 말과 선생님 이야기가 다르니 난감하기도 할 것입니다. 부모가 아이의 이야기를 들어주고 공감하고 지지하는 것은 매우 중요합니다. 그러나 이야기를 들어 보니 이런 일들이 반복되고 있는 것 같은데, 그렇다면 지금의 상황에서 부모님께서 어떻게 하시는 것이 정말 아이를 위하는 길일지 냉철하게 판단해야 할 것 같습니다.

아이는 장난이었다고 하고 교사는 폭력이었다고 한다면 그 사건은 장난일까요, 폭력일까요? 그 판단은 피해 학생의 몫이라고 생각합니다. 조금 심한 장난이었다 하더라도 함께 놀고 있었기 때문에 많이 기분 나쁘지 않은 상태에서 사과 받고 화해해서 끝낼 수 있다면 장난이라고 볼 수 있겠죠. 그러나 가해자는 장난이라고 하더라도 피해 학생이 괴롭힘이라고 느꼈다면 그건 폭력이라고 봐야 합니다. 아이들 사이 힘의 서열이 다른 상태라면 아무리 장난이라고 해도 단순히 장난으로만 볼 수는 없겠지요. 내 아이의 부모이기에 자식의 억울함이 먼저 들리겠지만, '우리 아이가 그런 피해를 당했다면……'이라고 한번만 입장을 바꾸어 생각해 보기를 권합니다. 그 피해에 비하면 내 아이의 억울함은 아주 작은 부분일 수도 있습니다.

반성하지 않으면 행동을 바로잡을 수 없습니다

아이들이 반성하지 않는다는 말을 선생님들께서 흔히 하십니다. 왜 요즘 아이들은 반성하지 않는 것일까요? 반성하지 않는 것은 잘못했다고 인정하지 않기 때문입니다. 같은 교실에서 함께 겪은 사건이라도 아이들이 집에 가서 하는 이야기는 다 다릅니다. 저마다 자신의 입장이 있기 때문이지요. 아이들이 부모님께 이야기할 때에는 자신에게 불리한 이야기는 빼고 유리한 상황만을 얘기했을 것입니다. 심지어는 여기에 거짓을 더하기도 하지요. 내 아이의 말을 믿어 주는 것은 당연하지만, 그것이 모두 진실이라고 생각하지는 말아야 합니다. 내 아이에게 잘못이 있다면 변명하지 않고 깨끗하게 인정할 수 있도록 가르쳐야 반성이 되고, 반성을 해야 다시는 같은 잘못을 반복하지 않게 됩니다.

그런데 아이도 아이지만 부모님부터 아이 잘못을 잘못으로 보지 않는 경우가 많습니다. 인정하지 않기 때문에 다른 사람의 탓으로 돌리게 되는 것이지요. 다른 사람을 탓하기는 쉽습니다. 그러나 그것이 내 아이를 진정으로 위하는 길일까요? 불편한 진실을 받아들이기가 어렵겠지만, 불편하다고 받아들이지 않는 것은 아이를 망치는 지름길입니다. 교사를, 아이 친구들을, 그 친구들 부모를 탓할 수도 있습니다. 교사의 지도가 불충분하다고 느낄 수도 있습니다. 그러나 그 이전에 내 아이가 잘못한 것이 분명하다면 "우리 아이가 잘못하긴 했지만……" 뒤에 오는 말들은 과감하게 생략하시기 바랍니다. 아이들은 부모 마음 한편에 자리 잡은 '우리 아이 잘못만은 아니다'라는 생각을 귀신같이 알아차려 반성하지 않게 됩니다. 아이의 잘못을 옹호하는 게 자존감을 키우는 것이 아닙니다. 그래도 남는 억울함이 있다면 아이 모르게 조용히 선생님을 찾아가 입장을 말씀드리고 오해를 풀어 나가는 것이 좋을 것 같습니다.

공격적 성향의 원인을 찾아보세요

최근 조사에 따르면 초등학생들이 스트레스가 많고 행복지수가 낮다고 합니다. 스트레스 때문에 절반 넘게 이명을 겪는다고도 합니다. 여러 가지 스트레스가 있겠지만 특히 학업 스트레스가 날로 심해지고 있습니다. 실컷 뛰어놀지 못하다 보니 스트레스가 쌓이고, 관계를 풀어 나가는 법을 제대로 배우지 못하는 것이죠. 공격적인 성향이 많은 아이들을 보면 사교육을 지나치게 하고 있거나 부모로부터 학업에 대한 압박을 심하게 받고 있는 경우가 많이 있습니다. 또는 가정환경이나 가족들과의 관계에서 어떤 스트레스의 요소가 있을 수도 있고, 부모의 맞벌이로 인해 감정적으로 세심하게 보살핌을 받지 못하고 방과 후 시간에 여러 학원을 돌아야 하는 경우도 있습니다.

아이에게 공격적인 성향이 있다면 아이 마음 어딘가에 억눌린 분노나 심한 스트레스가 있는 건 아닌지 세심하게 살펴보시고, 그에 따른 적절한 상담 프로그램이나 교육 프로그램을 받아 보는 것이 좋겠습니다.

처벌만으로는 아이 관계를 건강하게 되돌릴 수 없습니다

내 아이의 문제가 걸려 있을 때 부모들은 아주 민감해집니다. 그리고 참 이기적인 모습을 보입니다. 내 아이가 눈곱만큼이라도 손해를 보거나 피해를 보는 것을 바라지 않는 것이죠. 어떤 민감한 사안 앞에서 다른 아이(우리 아이에게 피해를 입힌 아이, 우리 아이로 인해 피해를 입은 아이)를 내 아이 대하듯 하는 마음을 내기란 쉽지 않습니다. 그러나 조금만 넓고 깊게 생각해 보면 다른 아이를 위하는 것이 결국 그 아이와 함께 살아가야 할 내 아이를 위하는 길이라는 것을 깨달을 수 있습니다. 가해자를 처벌하는 것만으로는 가해자도 피해자도 치유할 수 없습니다. 모두에게 상처를 남길 뿐입니다. 먼저 피해자와 가해자가 만나 피해 사실을 이해하고 공감해야 합니다. 다음으로 피해자의 요구를 듣고 가해자가 피해를 바로잡기 위해 자발적으로 노력해야 합니다. 이렇게 공동으로 문제를 해결하는 과정에서 피해자와 가해자가 함께 치유되고 관계를 회복해 나감으로써 서로 돌보고 배려하는 공동체를 만들어 나갈 수 있습니다.

한 아이를 키우기 위해 온 마을이 필요하다고 합니다. 우리 모두가 그 마을의 일부가 되어야 할 때인 것 같습니다.

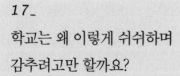

17_
학교는 왜 이렇게 쉬쉬하며
감추려고만 할까요?

저는 중학교 3학년 아이를 둔 엄마입니다. 올해 3학년 올라와 저희 아이가 돈을 뺏긴 사건이 있었습니다. 저는 그동안 그것도 모르고 학교에 가기 싫어하는 아이를 야단치고 학교로 내몰았습니다. 그런데 이 사건을 조사하다 보니 이번이 처음이 아니었습니다. 작년부터 다른 애들한테 돈을 뺏기거나 협박을 당하는 등 괴롭힘을 당하고 있었습니다. 요즘 애들이 뭐가 아쉬워서 이렇게 다른 사람을 괴롭히나 싶어 기가 막혔습니다. 그나마 담임선생님이 이 일을 잘 조사해서 다행이었고 이제 애가 학교 다니기 싫다고 하지는 않을 것 같아 조금은 안심이 되었습니다.

그런데 문제는 다른 곳에 있었습니다. 학교폭력대책자치위원회가 열렸지만 한 달이 넘도록 학교에서 회의 결과를 알려 주지 않고 있습니다. 현재 우리 아이는 가해 학생과 한 반인데 가해 학생의 격리와 전학을 요구해도 학교 측은 기다려 보라고만 합니다. 모두가 쉬쉬하면서 시간만 끌다가 지치면 대충 처리하려고 그러는 것 같습니다.

그러다가 최근에 답답해서 담임선생님께 돌아가는 상황이 어떻게 되느냐고 물으니 가해 학생의 특별 교육 이수로 이 사건을 끝내는 분위기라고 하네요. 학교는 왜 이렇게 쉬쉬하고 대충 넘어가려고 하나요? 학교는 가해 학생 편인가요? 학교는 도대체 뭐하는 곳인가요?

학교폭력 문제를 쉬쉬하게 만드는 비밀주의의 한계

아이를 믿고 맡겼던 학교가 참으로 원망스러우실 겁니다. 학교가 학교폭력을 예방하지 못했다면 사건 이후에라도 피해자 가족의 요청을 들어주어야 하는데 자치위원회 결과를 알리는 일마저 차일피일 미루고 있으니 화가 나시는 건 당연하다고 생각합니다.

어머니 말씀대로 그럼 도대체 학교는 무엇을 하고 있을까요? 먼저 법률적인 역할을 살펴보도록 하죠. 학교폭력 예방 및 대책에 관한 법률에 따르면 학교는 학교폭력 문제가 발생하면 자치위원회를 열어 어떤 처분을 내릴지 심의합니다. 자치위원회는 학교폭력이 발생한 사실을 신고 받거나 보고받은 경우, 피해 학생 또는 그 보호자가 요청한 경우에 열 수 있습니다. 자치위원회에서는 피해 학생의 보호와 안전을 위해 학교폭력 예방 및 대책에 관한 법률에 따라 권고 전학, 격리, 등교 중지, 학급 교체, 심리 상담 및 조언, 치료를 위한 요양, 일시 보호 등의 결정을 내릴 수 있습니다.

법률상으로 학교가 해야 할 일을 보면 학교가 쉬쉬할 이유는 없을 것 같은데 어머니께서 답답함을 느끼게 되는 이유는 어디에 있을까요? 그 한 가지 원인은 학교폭력 예방 및 대책에 관한 법률 제21조 비밀 누설 금지 조항에 있다고 할 수 있습니다. 즉, 가해 학생, 피해 학생 및 신고자, 고발자와 관련된 자료를 누설해서는 안 된다는 비밀 엄수의 의무가 있습니다. 또한 시행령 제17조 '비밀의 범위'에 '학교폭력 가해 학생과 피해 학생 개인 및 가족의 성명, 주민등록번호 및 주소 등 개인 정보에 관한 사항, 학교폭력 가해 학생과 피해 학생에 대한 심의·의결과 관련된 개인별 발언 내용, 그 밖에 외부로 누설될 경우 분쟁 당사자 간에 논란을 일으킬 우려가 명백한 사항'을 명시해 두었습니다. 이것이 바로 비밀주의입니다.

이것은 피해자나 가해자의 인권을 보호하고 추가적인 소모적 논쟁을 방지하기 위해서인데, 문제는 학교 현장에서 피해자보다는 가해자들에게 자신의 잘못에 대한 성찰을 제대로 못하게 할 수도 있다는 점입니다. 또한 이로 인해 가해자뿐 아니라 그가 속한 학급이나 학교가 이 문제에 대해 함께 공개적으로 성찰할 수 있는 기회를 빼앗는 결과를 가져오기도 합니다.

학교의 은폐 메커니즘과 밀접하게 연관된 학교 평가

또 학교 평가도 학교의 은폐 메커니즘과 밀접히 연결되어 있습니다. 예를 들어 담임교사가 학급의 학교폭력을 신고했을 때 무능력한 교사로 낙인찍히듯, 학교도 자치위원회가 열린 숫자가 많으면 불명예로 생각하는 풍토가 있습니다. '학교 안전도'를 학교 성과급 항목에 넣어 학교폭력 건수를 학교 평가에 넣고 있기 때문입니다. 정보 공시를 통해 학교폭력 발생 건수를 공개해야 하는데, 폭력 사건이 많다는 이미지를 가진 학교를 학생들이 선택하지 않으므로 학교는 더욱 그것을 공개하고 싶지 않은 것입니다.

학교폭력의 전과(?)가 학생들의 생활기록부에 기록되면서 오히려 학교폭력에 대해 은폐하거나 축소하는 일이 많이 발생했듯이, 이런 학교폭력에 대한 항목들도 학교 평가의 대상이 되다 보면 그것을 은폐하고 왜곡하게 되는 경향이 많습니다. 그러다가 더 이상 숨기지 못하고 곪아 터지게 된 사건들은 언론에 보도된 것들이지요. 하지만 이것은 빙산의 일각일 뿐, 어머님이 겪은 일처럼 실제로 학교에서는 더 많고 잦은 학교폭력이 일어나고 있습니다.

학교폭력을 은폐하는 명분으로 쓰이는 가해 학생의 인권 보호

가해 학생에 대한 인권 보호도 학교폭력을 은폐하는 큰 명분이 됩니다.

D중학교에서 있었던 일입니다. 이 학교의 교장은 가해 학생의 인권을 생각해야 한다며 진술을 확보할 때도 학습권이 침해되어서는 안 된다, 학교폭력 가해 학생들의 징계 결과도 게시해서는 안 된다고 했

습니다. 그러나 학생들의 학습권에는 교과 수업만이 아니라 남을 괴롭히지 않도록 받는 학습도 포함되어야 한다고 주장하는 것은 무리일까요? 또한 이 교장 선생님의 경우는 구체적인 상황에서 인권을 바탕으로 한 진단을 내려야 하는데 인권 개념을 지나치게 폭넓고 일반적으로 사용하는 오류를 범하고 있습니다.

물론 인권은 소중한 것입니다. 그러나 가해 학생의 인권을 보호한다는 명분 아래 사건을 은폐하면서 다른 학생들의 인권이 무시되는 상황을 만드는 건 사건을 너무 안일하게 처리하는 태도 아닐까요? 오히려 이런 핑계가 실제 학교 현장에서 '인권'이라는 소중한 개념을 가볍게 만들고 있는 것이지요.

실제 학교 현장에 가해 학생의 이름과 처벌 내용을 게시하는 것은 인권 침해의 소지가 있다는 국가인권위원회의 공문이 내려온 적이 있습니다. 이에 따라 일부 학교에서는 인권위의 권고를 받아들였습니다. 그러자 이번에는 피해자 가족들이 달려와 "재발 방지를 위해 학교 측은 무엇을 하느냐"고 반문하는 상황이 발생했습니다. 가해 학생의 인권마저 생각할 수 있는 인권 감수성이 있다면 피해 학생의 치유에도 최선을 다해야 할 것입니다. 인권을 가해자를 감싸거나 가해 사실을 은폐하려는 명분으로 사용해서는 안 됩니다.

'자치위원회 열린 횟수(학교폭력 발생 건수)=불명예'라는 공식은 "가해 학생도 (피해자와) 같은 아이인데 감싸야지 어떻게 하냐"는 교육관과 밀접하게 연결됩니다. 가해 학생도 더불어 살아가는 방법을 모르는 불쌍한 인간인 것은 맞습니다. 그러나 그렇다고 해서 시시비비를 명확히 따져 주고, 그 아이가 부족한 부분이 무엇인지 정확히 진단하지 않고 무조건 한 식구라고 받아들여야 한다는 생각은 맹목입니다.

이것은 피해자를 구제하는 것도, 가해자를 반성하게 하는 것도 아니라는 점, 이로써 피해자는 고통이 가중되고 가해자는 더욱 타락하며 학교의 정의는 사라진다는 점을 반드시 명심해야 합니다.

누구를 위한 은폐인가?

이렇게 학교폭력의 실체를 숨기려다 보니 선과 악을 판단하지 않는 모습, 피해자에게는 "전체를 위해 참아라", 가해자에게는 "다음에 또 그러면 어떻게 하겠다"는 식의 모습으로 나타나고 있습니다. 지난 2005년 경남교육청 〈학생 생활지도 길라잡이〉 문건이 큰 파문을 일으킨 적이 있습니다. "사법 절차상 복잡한 절차를 피하기 위해 숨진 상태라도 후송 중 숨진 것으로 하고 가급적 병원으로 옮겨서 사망 진단서를 떼어야 한다", "수사 기관이나 언론 기관이 손쓰기 전 유서, 일기장, 편지 등을 찾아 사건 해결에 불리한 내용은 정리해 둔다" 등의 내용은 일선 학교의 학생 폭력으로 인한 사망 사고에 대해 교육청이 앞장서서 축소·은폐를 지시하는 것으로 큰 충격을 주었습니다. 이 문서는 전량 폐기 처분되었으나 그 뒤에 학교폭력에 대한 교육청과 학교 측의 인식이 피해자 구제에 초점이 맞춰졌을지는 여전히 의문이 듭니다.

이렇게 교육적이다, 불명예다, 비밀 엄수의 의무가 있다는 이유로 학교폭력 문제를 쉬쉬하는 비밀주의가 학교 현장에 만연되어 있습니다. 이는 가해 학생과 피해 학생, 그 누구를 위한 길도 아닙니다. 분명히 담임교사가 학급 내의 사건에 대해 어느 정도 공유하고 논의하여 함께 풀어 갈 수 있어야 합니다. 처벌 내용도 학교와 학급에서 어느 정도는 공개되어야 합니다. 그런 성찰과 교육을 교사가 이끌어 갈 권한과 힘이 있어야, 그리고 그런 모습을 보여 줘야 학생들이 교사를 신뢰하고 신고할 수 있는 것입니다.

쉬쉬하고 숨기는 것을 넘어서 문제에 당당히 맞서는 태도는 학교뿐 아니라 학부모로서 어른인 우리 모두가 아이들에게 가르쳐야 할 모습이 아닌가 싶습니다.

3부
학생의
목소리

01_
서로 뒷담해 대는 반 애들이
너무 무서워요.

저는 1학기 때 저희 반 애들이랑 별로 친하게 지내는 편이 아니었습니다. 원래부터 친한 애들이 다른 반에 흩어져 있어서 주로 그 친구들과 노느라 저희 반 애들하고 별로 친하지 않았어요.

그런데 2학기가 되면서 짝꿍을 잘 만나서, 짝꿍과 친한 애들도 알아가다 보니 점점 반에서 친한 애들이 많아졌습니다. 그래서 저도 2학기 때는 반 애들이랑 잘 지내보려고 했어요. 그런데 서로 친해지다 보니까 겉에서 볼 때와는 너무 달랐습니다. 애들끼리 서로 뒷담을 너무 많이 하는 거예요. 겉으로는 친한 척하고, 아무 일도 없어 보이지만 뒤에서는 서로 심하게 욕을 해요.

예전에 모르던 때가 더 나았구나 생각되기도 하고, 저 역시 따돌림 당하지 않으려고 조용히 듣고만 있는데 정말 애들의 말이 무섭습니다. 이럴 때는 어떻게 해야 할까요?

뒷담, 언어 질서를 장악하는 또 하나의 방법

신체 폭력과 마찬가지로 언어폭력도 사람에게 큰 상처를 주지요. 모처럼 학급 친구들에게 마음을 열려고 했는데 알면 알수록 친해지는 게 아니라 조심해야겠다고 다짐하는 학생의 모습이 안쓰럽고 안타깝네요.

언어 질서를 장악하는 또 하나의 방법은 '뒷담'입니다. 뒷담은 친한 사이와 그렇지 않은 사이의 구별점처럼 보이지만 결국은 서로에 대한 불신을 만들어 냅니다. "네가 친하니까 얘기해 주는 거야", "나는 너를 이만큼 친하게 생각해"라는 메시지를 전하지만, 듣는 사람은 자신도 뒷담의 대상이 될 수 있겠다는 생각을 하게 되지요. 그 자리에 있어서 다른 사람을 같이 험담할 수 있어서, 마음이 통해서 좋은 친구라 생각되겠지만, 타인을 미워하면서 생기게 된 같은 편이라는 생각, 그렇게 해서 생긴 인간관계에는 한계가 있습니다.

그런데 뒷담은 왜 하는 걸까요? 보통 뒷담은 어떨 때 하게 되나요? 앞에서 직접 얘기할 수는 없지만, 여전히 화가 나고 억울해서 해결되지 않은 어떤 문제들에 대해서 이야기하고 싶을 때 이루어지지요. 또는 자기의 마음에 들지 않은 누군가를 깎아내리고 비난하기 위해 일부러 뒷담을 하기도 하지요. 학급으로 눈을 돌려 볼까요? 학급에서 뒷담은 보통 불만이 있더라도 제대로 공개하거나 꺼낼 수 없는 구조일 때 많이 이루어집니다. 그리고 공식적인 질서 안에서는 어쩌지 못하지만 사적인 작은 무리 안에서 힘을 발휘하는 센 아이가 그 무리를 장악하는 방법으로 쓰는 것 가운데 하나가 뒷담입니다. 자신이 하고 싶은 말들을 대놓고 하지 못하는 구조, 이것이 바로 뒷담을 만드는 사회 구조라고 할 수 있지요. 학급에서 뒷담하는 문화가 성행하고 있다면 이것은 그만큼 그 학급 분위기가 민주적이지 못하다는 뜻입니다. 학급 문제를 공개할 수 있는 창구가 없다는 의미이지요.

뒷담을 계속하는 이유는 해결하지 못한 분노를 발산하고 싶은 욕구도 한몫하지만 그로 인해 생기는 엄청난 파괴력도 뒷담을 계속하게 되는 이유인 것 같습니다. 상대방에 대한 증오를 같이 뒷담하는 애들과 공유하면서 점점 확산시키고 결국은 상대방에게 심리적으로 타격을 주는 것이죠.

뒷담에서 이루어지는 이야기들은 그것이 사실인지 아닌지 중요하지 않아요. 한 번 퍼지면 어느새 사실로 둔갑하고 사실과 같은 효력을 발휘합니다. 뒷담이 무서운 점이 바로 그것입니다. "없는 말 하겠어"라고 생각하면서 양심의 가책 없이 말을 쉽게 전하고, 그 말은 곧 여러 사람의 입을 거치면서 군중의 승인을 얻어 진실이 돼 버리죠. 아무리 옳지 않은 이야기라 할지라도 당사자가 자기변호를 하거나 수정할 겨를도 없이 진실과는 한참 멀어진 이야기가 되어 버리는 것입니다.

음성적인 언어문화를 양지로 끌어올려야 합니다

세 치 혀가 주먹보다 무섭다고 하는데, 학생들 사이에 벌어지는 괴롭힘이나 따돌림 문제를 바라보면서 더 그렇다는 생각이 듭니다. 왜냐하면 아이들의 괴롭힘이나 따돌림이 뒷담을 통해서 만들어지는 경우가 많기 때문입니다. 그릇된 정보가 제공되고, 확산되는 과정에는 언제나 뒷담이 존재합니다. 거의 필수적인 요소라고 할 수 있지요.

약자든 강자든 자기들 나름대로 언어 질서를 장악하려고 해요. 그래서 이 음성적인 언어문화를 양지로 끌어올리는 것이 중요합니다. 먼저 학급의 크고 작은 문제들을 공개해서 공유하는 문화를 만들어야 합니다. 학급에 이런 문제를 공론화할 수 있는 구조가 있다면 좋겠지만 없다면 담임선생님께 건의해서 만드십시오. 그것도 어렵다면 선생님과 중립적인 입장을 취할 수 있는 친구들을 중재자로 세워 달라고 해서 오해와 억울함을 푸는 시간을 가지세요. "그래 봐야 별수 있겠어?" 하고 미리 포기하지 말고 용기를 내 보십시오. 뒤에서 험담하는 사람이 잘못된 것이지, 그걸 문제 삼는 사람이 잘못하는 게 아니에요. 학급에 이런 사례가 한 번 생기면 이후의 학급 분위기에도 좋은 영향을 줘서 뒷담하는 문화가 조금씩 줄어들게 되죠.

뒷담의 주도자가 결국 따돌림을 당하기도 합니다

최근에 한 여학생이 친구들과 사이가 안 좋아져서 결국 학교를 그만둔 경우를 보았습니다. 그 학생은 자신과 친했던 친구들이 자꾸 자기에 대해 안 좋게 뒷담하는 게 괴로워서 더 이상 학교에 다니기 싫다고 했습니다. 그런데 그 사정을 알아보니 정반대였습니다. 뒷담을 시작한 건 학교를 그만둔 그 친구였던 것이지요. 이 학생은 학급의 거의 모든 아이에게 말로 상처를 주었다고 합니다. 여린 친구들은 이 학생의 말에 많은 상처를 받았다고 하고요.

학교폭력에는 가해자와 피해자가 늘 정해져 있는 것이 아니라, 오늘의 가해자가 내일의 피해자가 되기도 합니다. 이 경우에도 그랬습니다. 뒷담을 주도했지만 결국 자신이 따돌림을 당하고 말았지요. 이 친구의 경우는 상대방과 친하고 싶어서 사용한 방법이 주로 다른 사람들의 흉을 보는 뒷담이었습니다. 친구를 사귀는 방법을 제대로 몰랐던 거지요. 자기가 보낸 말의 칼날에 결국 자기가 당하는 꼴이 되고 말았습니다.

뒷담을 들을 때는 모두가 한편이 된 것 같은 착각에 빠집니다. 비밀을 공유한 사이라는 야릇한 유대감이 생길 수도 있습니다. 하지만 사람들은 뒷담을 일삼는 사람을 좋아하지 않습니다.

우리말에는 유난히 말에 대한 경계를 담은 속담이 많습니다. 자신의 인격 수양을 위해서도 좋은 말을 가려 써야겠지만 친구를 사귀는 데는 더 그렇습니다. 뒷담은 언제나 음지에 머물지 않습니다. 그것이 햇빛 아래에 내비쳐졌을 때 말하는 사람이 오히려 부끄러워집니다. 밀실에서 누군가에 대한 험담으로 무리를 얻기보다는 좋은 말들로 친구와 우정을 쌓아 가는 방법을 알게 되기를 바랍니다.

02_
무슨 말만 하면 자꾸 저한테
쏴 붙이는 애 때문에 곤란해요.

저희 반에는 무슨 말만 하면 저한테 뭐라고 하는 애가 있어요. 그런데 그 애가 재밌는 애라서 저를 놀리고 무시해도 다른 애들은 막 같이 웃어요. 기분 나쁘긴 하지만, 기분 나쁜 내색을 했다가는 저만 속좁은 사람이 되니까 그냥 괜찮은 척하지만 솔직히 기분 되게 나쁘거든요.

그 애를 따르는 애들이 많아서 제가 뭐라고 말을 못 하겠어요. 오히려 "깝치지 말라"는 등 여러 소리를 들으니까 가만히 있으려고 하지만 아무래도 좀 심한 것 같아요. 물론 저만 그렇게 당하는 건 아니고요, 저랑 같이 노는 애들이 좀 착한 애들인데 거의 다 걔한테 밥이 되는 것 같아요. 걔가 막 쏴 붙이면 뭐라고 말을 해야 할지 모르겠어요. 지금 저는 계속 가만히 들어줄 수도 없고, 그렇다고 뭐라고 대꾸도 못 하는 아주 곤란한 상황입니다. 이럴 땐 어떻게 해야 할까요?

비난은 엄청난 독소를 가진 말입니다

참 곤란한 상황이군요. 말이 단순히 소리가 아니라 상대방을 공격하는 무기로 사용되고 있네요. 학생 말을 들으니 그 친구는 장난처럼 친구들을 놀리고, 학생 역시 기분 나쁘면서도 아무렇지도 않은 듯이 행동하며 서로가 서로를 속이고 있는 상황이네요. 먼저 인정하는 사람이 약자가 되어 버리는 잔인한 게임처럼 보입니다. 누군가 이 상황을 〈벌거벗은 임금님〉이야기처럼 폭로해 버린다면 어떻게 될까요? 상대방 친구가 쉽게 인정하려고 하지는 않겠지만 이 상황을 중단해야 할 필요는 있다고 봅니다.

비난은 냉철한 이성에서 나오는 참말 같지만 사실은 엄청난 독소를 지닌 말입니다. 그래서 사람을 위축시키지요. 예를 들어 맛있게 밥을 먹고 있는데, 누군가가 "참 맛없다"라고 말한다면 맛있게 먹고 있던 나머지 사람들 분위기도 참 이상해지지요. 이렇게 비난은 긍정적이고 자연스러운 흐름을 차단하고 상처를 줍니다.

언어폭력이 신체 폭력 못지않은 폭력임을 알아야 합니다

우리는 농담 삼아 "싫으면 말로 해"라고 말합니다. 그러나 어떤 말은 말로 해도 아픕니다. 굉장한 폭력성과 살상력이 있습니다. 그런데 우리는 말이 굉장히 민주적인 도구인 것처럼 착각합니다. 말이 때로는 주먹보다 더 센 폭력이 될 수 있다는 사실을 알아야 합니다. 특히 물리적인 힘보다 정서적인 공감이나 외모 등으로 사람의 층위를 세밀하게 구별해 내는 여학생들이 많은 공간에서는 언어의 힘이 더 잘 발휘됩니다.

학생의 사례에서는 일단 그 친구가 자신이 하는 말이 학교폭력이라는 걸 알아야 해요. 먼저 담임선생님께 그 아이의 어떤 말이 자신에게 계속 상처가 되고 있다는 사실을 알리십시오. 두 사람이 만나서 해결할 수 있으면 담임선생님께 중재해 달라고 말씀드리고, 자신이 드러나는 게 싫다면 학급 전체로 반성하는 시간을 가졌으면 좋겠다고 하십시오.

제가 교사로서 해 본 방식은 "네 말이 상처가 됐어"라는 것이었는데, 자치회 시간에 반의 한 벽면에 자신의 이름과 친구에게 들은 상처가 됐던 말을 쓰는 것입니다. 누가 했다는 건 쓰지 않고요. 그다음 한 사람씩 나가서 친구들이 적은 내용들을 모두 읽고 자신이 했다고 생각되면 메모지에 사과의 글을 써서 붙이는 거예요. 단, 진지한 분위기여야 합니다. 의외로 많은 학생들이 말로 받은 상처가 많다는 것을 알게 될 거예요. 그리고 상처받은 사람은 있는데 그 아래 답장을 못 받았다면 그 문제를 함께 이야기해 줄 수 있는 소위원회를 만들어 달라고 하십시오. 언어폭력도 폭력이라는 것을 그것이 더 큰 폭력을 일으킬 수 있다는 걸 알았으면 합니다.

새로운 상황 정의로 길을 열어 주어야 합니다

어느 집단을 가든지 유난히 비난을 잘 하고 목소리가 큰 사람들이 있어요. 분위기를 장악하지 않으면 안 되고, 상대방을 말로라도 공격하지 않으면 인생 자체가 따분해서 어쩔 수 없다는 인상을 주는 친구들 말입니다. 하지만 이러한 사람과 맞서지 않아서 피해자가 되어야 한다면 굉장히 가혹한 운명이죠.

무엇보다 이러한 흐름을 끊고 분위기를 바꾸어 놓아야 할 텐데요, 한 사례를 말씀해 드리지요. 친구들 별명 부르길 좋아하고 다른 아이들이 뭐라고 말하면 "재미없어", "깝치지 마" 따위로 맘 여린 친구들에게 상처 주는 학생이 있었습니다. 담당 선생님은 그 학생을 특정하게 가리키진 않았지만 다른 사람을 놀리거나 무시하는 이유를 '보호 받지 못하고 상처받은 어린 시절에 대한 푸념' 때문이라며 상황을 정의했다고 해요. 다시 말해서 "자기 자신이 사랑 받지 못했기 때문에, 그 상처를 끊임없이 다른 사람을 상처 주면서 풀려고 한다"는 것입니다. 따라서 미워하지 말고 불쌍하게 생각해야 된다고 했습니다. 이런 설명을 한 뒤 그 아이의 태도가 눈에 띄게 좋아졌다고 합니다. 처음에는 '짜증나는 애'였는데, 새로운 상황 정의로 인해 순식간에 '불쌍한 애'가 된 것이죠. 실제로 이 아이 경우에는 집안에서 상처받은 기억과 불만이 있어서 더 효과가 컸습니다. 자신의 상황을 누군가로부터 간파 당했기 때문에요. 아마 그 친구도 그럴 가능성이 있어요.

요즘 아이들은 웃기지 않으면 안 된다, 좀 더 세 보이지 않으면 안 된다고 생각하는 것 같아요. 말마저도 경쟁 도구가 되어 버리는 것이죠. 그러다 보니 일상 대화들은 모두 의미가 없어 보입니다. 개인기가 없으면 안 되고, 성대모사라도 할 줄 알아야 합니다. 그런데 이 성대모사라는 것도 생각해 보면 조롱의 한 방법일 뿐입니다. 웃음의 문화가 자극적인 내용이 아니면 긍정적으로 수용되지 못하는 것이지요.

남을 비난하는 친구들을 살펴봅시다. 겉으로 보기에는 다른 사람들을 장악하는 것처럼 보이지만 그 역시도 '언어의 감옥'에서 자유롭지 못합니다. 말할 때마다 재밌어야 하고 다른 사람들을 웃겨야 합니다. 편안하게 이야기할 수가 없어요. 재미가 없으면 자신도 공격 받으니까요. 이런 긴장된 분위기라면 아무도 편하게 이야기할 수 없어요. 우리는 말을 권력을 잡는 수단이 아니라 마음을 나누는 도구로 써야 합니다.

텔레비전을 봐도 그렇습니다. 요즈음에는 상대방을 거침없이 비난하는 게 능력처럼 여겨집니다. 특히 예능 프로그램에서 연예인들이 말하는 것을 보면, 누가 상대방을 얼마나 더 공격해서 웃음을 만들어 내는가가 마치 그 사람의 능력이자 개성인 것처럼 포장됩니다. 하지만 그것은 방송에서 자신의 이미지를 특화시켜야 하는 연예인들의 경우에나 해당되는 것이 아닐까요? 심지어 방송에서도 유재석 씨와 같은 따뜻한 이미지의 연예인이 각광받고 있습니다. 연예인들의 독설이 그 순간 그 프로그램에서는 통할지 모르지만 현실의 삶에서는 결국 따뜻한 사람을 선택하게 마련입니다. 일시적으로 비난 잘 하고 말 잘하는 친구들이 각광받는 것처럼 보이고, 그 아이에게 비난 받기 싫어서 아이들이 일시적으로 그 아이 편을 들었겠지만 그 아이를 좋아하는 것이 아닙니다. 두려움을 가지고 만나는 것은 결코 친구 관계라고 할 수 없습니다. 그런 인간관계를 부러워하지도, 그것에 상처 받지도 않는 건강한 마음을 가졌으면 좋겠습니다.

03_
반에서 자꾸
투명인간처럼 되는 것 같아요.

학기 초에 우리 반을 봤더니 작년에 같은 반이었던 애가 한 명도 없었어요. 제가 처음에 친구 사귀는 게 좀 힘들어서 말을 잘 못 걸어요. 그러다 보니까 화장실에 같이 갈 사람도 없고 밥을 같이 먹을 사람도 없고, 무엇보다도 힘든 건 수업 시간에 조를 정할 때입니다. 선생님이 짜 주지 않고 너희들이 하고 싶은 사람끼리 조를 짜라고 할 때는 정말 괴로워요. 아무도 끼워 주지를 않거든요.

체육 시간에 자유 시간을 주면 아이들끼리 편짜서 놀기도 하는데, 저는 낄 수도 없고, 안 끼자니 정말 '따'인 게 너무 티 나고, 너무 불편해서 어떻게 해야 할지 모르겠어요. 저는 남들을 웃기거나 노래를 잘 하거나 이런 재주도 없고, 공부도 별로고, 뭐 잘할 줄 아는 게 없어요. 왜 저는 잘하는 게 하나도 없을까요? 애들이 투명인간 취급하는 게 너무 싫지만 저희 반에서는 자꾸 투명인간처럼 되는 것 같아요. 아마 제가 없어져도 아무도 모를 거예요.

어제는 저를 사이에 두고 제 앞에 애와 뒤에 애가 저를 가리키면서 뭐라고 하는 걸 봤어요. 무슨 말인지는 정확히 모르겠지만 저에 대해 수군거리는 것 같았어요. 아는 척도 할 수 없고 그 사이에서 아무 말도 하지 않고 있으려니까 정말 힘들고 괴로웠어요. 그래서 저는 아침에 눈 뜨기도 싫고 학교 가기도 싫어요. 인정하기 싫지만 아무래도 저 왕따인 것 같아요. 저는 어떡하면 좋을까요?

친구들 모두가 진짜 우정을 나누고 있는지는 알 수 없어요

이야기를 들으니 정말 학생의 학교생활이 힘들 것 같아요. 하루라도 그 고통을 경험해 본다면 우리가 다른 사람들에게 좀 더 따뜻하게 대할 수 있을 텐데 말입니다. 학교생활을 함께할 친구가 없으니 여러 가지로 불편할 것 같네요. 어떤 학생들은 그런 상황을 인정하기 싫어서 일명 '스따'라고, 아이들로부터 '스스로 왕따'의 길을 걷기도 하죠. 상처 받기 싫어서 하는 행동이지만 어찌 상처가 되지 않겠어요?

학생이 보기에는 자신을 빼놓고 나머지 사람들은 모두 친구가 있고 행복해 보이지요? 그래서 자신이 더 불행하다고 생각하겠지요. 그렇지만 사실은 그렇지 않답니다. 많은 친구들을 몰고 다니는 것이 부러움의 대상이 되기도 하지만 그 안에 진정한 우정이 싹트는지는 장담할 수 없답니다. 같이 있어서 든든하다고 합니다. 하지만 둘레 친구들이 정말로 편하지도 친하지도 않다는 친구들도 많이 봤습니다. 또 때로는 그 무리에 끼기 위해 하기 싫은 일도 해야 하고, 일부러 친한 척도 합니다. 자신은 그 무리에 있다고 생각하지만 남들이 보기에는 심부름꾼에 불과한 친구들도 있다는 것을 알고 있죠? 그럴 때 친구는 그저 보호막을 형성하는 위장 전술에 불과하지요. 그 안을 들여다보면 표현하지 않아서 그렇지 외로운 친구들이 많답니다. 진정한 우정을 나누지 않으면 함께 있어도 외로운 거죠.

다른 사람에게 관심 두지 말고 자유롭게 행동해 보세요

학생은 다른 친구들이 하는 작은 행동 하나하나를 유난히 의식하는 것 같아요. 그리고 그것에 상처를 받기도 하고요. 관심의 초점이 온통 다른 친구들에게 맞춰져 있어요. 어려울 수도 있겠지만 그 관심의 대상을 자신에게 맞춰 보세요.

왜냐하면 우리는 타인에 대해 관심이 있는 것 같지만, 동시에 굉장히 무관심하기도 하거든요. 자신과 연관돼 있을 때는 큰 관심을 보이지만 대체로는 무관심합니다. 그런데 학생은 항상 다른 사람에게만 관심을 두고 있네요. 그래서 다른 친구들도 학생에게 그만큼 관심이 있다고 생각하는 것 같아요. 그러니 더 자유롭게 행동하세요. "내가 이렇게 말하고 행동하면 다른 애들은 이상하게 생각하겠지?" 하고 생각하지 말고, 자신이 하고 싶은 대로 좀 더 과감하게 행동해 보세요. 학생 스스로는 과감하게 행동하는 것이겠지만 다른 친구들에게는 그렇게 큰 변화는 아니니까요.

또 다른 사람의 생각과 행동을 모두 알고 있다고 착각하는 것 같아요. 깊이 사귀지는 못하지만 레이더를 반 친구들 일거수일투족에 집중시키며 관찰하고 있어서 잘 알고 있다고 생각하는 거죠. 그렇지만 생각하는 게 다 맞을까요? 물론 학생이 관찰한 것은 사실이겠지요. 하지만 관찰한 사실을 나름대로 해석하려 한 부분은 틀릴 수도 있습니다. 자신의 생각에 의해 짜 맞춰진 게 아닌지 의심해 볼 필요가 있어요. 학생들과 상담해 보면 오해로 빚어진 갈등이 많습니다. 다른 사람이 봤을 때는 분명한 오해인데 자신은 세상을 확실하게 이해한다고 혼자 생각하는 거죠. 학생의 경우는 특히 그럴 가능성이 있습니다. 다른 사람과 의사소통하지 않기 때문에 자신의 틀 속에 갇혀 있을 수가 있어요.

다른 친구들이 모두 자신을 싫어하고 이상하게 생각하는 것 같지만 사실은 그렇지 않을 수도 있어요. 대부분의 친구들은 친구에게 무관심하거나 별로 아는 바가 없어요. 그 친구들에게까지 마음의 문을 미리 닫아 버리지 않았으면 합니다.

타인에게 다가가기 위해서는 자신을 알아가는 것이 더 중요합니다

오래 두고 사귈 소중한 친구를 사귀는 일은 비단 학생 때 잠깐 하고 말 일이 아닌 평생을 두고 해야 할 일입니다. 인생에서 가장 중요한 일인지도 모릅니다. 그저 잠깐의 보호막으로 친한 척한다거나 함께 있어도 늘 외롭다면 아직 진정한 친구는 없는 것입니다.

진정한 친구를 사귀려면 세계를 살아가는 데 필요한 자신만의 무기를 만드십시오. 자신이 좋아하는 것을 만들라는 말입니다. 만화 그리기, 노래하기, 야구 관람, 소설 쓰기 등 재미있는 취미를 가진 친구들이 많습니다. 그런 취미들을 즐기고, 그동안 쌓아 온 실력을 내보일 기회가 있을 때 유감없이 보여 주라는 것입니다. 취미는 자신의 고독했던 삶을 즐겁게 해 줄 것이고, 동아리나 동호회처럼 다른 친구들과 연결 고리를 만들어 줄 것이며, 결정적인 순간에 자신의 이미지를 높일 수 있는 무기가 되어 줄 것입니다. 그러기 위해서는 자신에 좀 더 집중해야 합니다. 자신이 무엇을 할 때 즐거운지 잘 관찰하고 느끼십시오. 다른 사람에게 다가가기 위해서는 다른 사람을 알아가는 것보다 자신을 알아가는 것이 더 중요하답니다.

04_
전 친구가 없어도 상관없어요.
친구가 꼭 필요한가요?

　전 친구가 없어도 상관없어요. 왜냐고요? 별로 필요한 줄 모르겠거든요. 제가 중학교 2학년 때 친구 생일 파티가 있어 여러 명이 그 애 집에서 잤어요. 그리고 밤에 이런저런 얘기를 하게 됐죠. 그러다가 반에서 좋아하는 여자애가 있는지 이야기하게 됐어요. 그때 저희 반에 제가 좋아하는 여자애가 있었거든요. 다들 이야기를 하기에 저도 제 마음을 이야기하게 됐죠. 그런데 월요일 학교에 갔더니 그 소문이 쫙 난 거예요. 다른 애들도 말했는데 다른 애들 얘기는 쏙 빼고 제 얘기만요. 애들이 저를 보면서 키득거리고 지들끼리 수군거리더군요. 제가 좋아한다고 했던 그 애는 그 뒤로 저를 더 쌀쌀맞게 대했어요. 그리고 어느 순간 제가 따가 되어 있더라고요.

　도대체 제가 뭘 잘못한 건지 아직도 잘 모르겠어요. 그리고 전 그 일을 겪으면서 결심했어요. 세상에는 좋은 사람보다 나쁜 사람이 더 많고 역시 사람은 믿을 게 못 되는구나. 그러니까 나 혼자라도 잘 살아야겠다고. 전 이제 이런 사람, 저런 사람 구별하고 싶지도 않아요. 모든 게 귀찮고 싫어요. 사람들이 저를 그냥 놔뒀으면 좋겠어요.

과거의 경험과 상처에 사로잡히지 마세요

친구들에게 심한 배신감을 느꼈겠네요. 누구라도 그런 친구들에게 깊은 실망과 배신감을 넘어서 심한 분노를 느꼈을 겁니다. 그 친구들은 상대방의 소중한 비밀을 들을 자격이 없는 친구들입니다. 그러나 그렇다고 그 상처에 너무 매어 있지는 마세요. 그 상처가 심하지 않아서가 아닙니다. 그 과거의 경험에 사로잡혀 있기에는 현재 학생의 삶이 너무나 소중하기 때문입니다. 과거를 생각하느라 학생의 현재나 미래의 보물들을 놓쳐 버리지 마세요. 그 상처가 심해도 분노를 자꾸 되새기지 말고, 자신에게 그들을 용서할 마음이 생기기를 소망해 보는 겁니다. "어쩔 수 없다", "이렇게 하지 않으면 안 된다" 이런 식으로 마음을 딱딱하게 갖지 마세요. 마음을 조금만 부드럽게 가져 보세요.

지금 학생은 자신을 지키려고 얼마나 긴장하고 있는지 몰라요. 긴장한다는 말은 마음의 활시위를 팽팽하게 당기고 있다는 뜻입니다. 누군가가 그 영역에 들어서면 곧장 공격하게 될지도 몰라요. 이렇게 해서는 안 됩니다. 상처받고 싶지 않아서 그러는 것뿐이겠지만 웬일인지 상처는 줄지 않고 계속 커지는 걸 경험하게 될 테니까요.

학생에게 잘못한 사람은 중학교 2학년 때 친구들인데, 그 뒤에 만나는 모든 사람들을 그 친구들인 것처럼 대하고 있지는 않나요? 삶은

224

보물찾기와 같아서 기대하지 않은 삶의 골목길에서 보물을 만나기도 합니다. 학생에게도 호감을 갖고 다가가려고 하는 많은 친구들이 있을 것입니다. 그들의 마음을 외면하지 마세요. 상황 속에 있는 여러 가지 기회를 버리지 마세요. 사람은 상처를 줄 수도 있지만, 또 상처를 치유하기도 합니다.

그러나 친구 관계에서 항상 좋은 일만 있는 것은 아닙니다. 때로는 상상도 못할 만큼 큰 낭패를 보기도 합니다. 그렇다고 욕을 하면서 여행을 그만두고 그 자리에 평생 머물러 버린다면 놓쳐 버린 아름다운 풍경이 너무나 많을 것입니다. 불행에서도 배울 점이 있습니다. 주위를 둘러보면 학생과 같은 고통을 가진 친구들이 의외로 많이 있습니다. 그런 상처와 고통을 이해할 만큼 넓은 마음이 학생에게 생긴 셈입니다.

자기 스스로를 어떤 인간이라고 단정 짓지 마세요

다른 사람에게 상처를 받은 사람은 그 증오를 상대방에게만 보내지 않습니다. 자기 자신에 대해서도 나쁜 생각을 갖게 됩니다. 그렇게 못된 인간들한테 당하기나 하는 나약한 인간이라고 말입니다.

스스로를 존중하세요. 자신이 없으면 세상은 아무런 의미가 없답니다. 무엇보다 아무 조건 없이 자신을 보호하는 것이 중요합니다. 문제는 자신을 어떻게 돌봐야 할지 모른다는 것입니다. 다만 확실한 한

가지는 다른 사람에게 두른 마음의 철갑이 오히려 자신을 더 상하게 한다는 것입니다. 그런 일을 당한 것은 자신이 나약해서가 아닙니다. 누구나 언제든지 그런 친구를 만날 수 있습니다. 우리에게 닥치는 모든 일들을 통제하고 조절할 수 있나요? 불행은 학생 탓이 아니에요. 우리는 행복하기를 원하지 불행하기를 바라지 않습니다. 그러니 자신을 탓하거나 미워하지 않기를 바랍니다.

우리가 언어영역 문제를 풀 때 '성급한 일반화의 오류'는 잘 연습하면서도 세상살이에서 자신이 저지르는 성급한 일반화의 오류는 잘 몰라요. 인생 초기에 만난 몇 사람 때문에 나머지 인생에서 만날 사람 모두에 대해 선입관을 갖고 있으니까요. 또 그 일 하나를 가지고 자신을 못난 사람이라고 판단하고 마니까요.

기억은 임의적이고 선택적이며 주관적입니다. 다시 말해서 사람들은 자기가 좋을 대로 골라서 기억한다는 거예요. 어떤 사람은 성공의 기억으로 자신을 치장하고 어떤 사람은 실패의 경험을 수집하면서 매사에 자신 없어 합니다. 학생은 어느 쪽 사람인가요? 후자일 거라고 생각합니다.

그런데 놀라운 것은 두 쪽 다 자신이 객관적이라고 믿는다는 것입니다. 학생이 자신의 인생을 아름다운 기억으로 채운다고 해서 자아도취에 빠졌다고 비난할 사람은 없습니다. 오히려 지금 학생에게는 그동안 좋았던 경험들을 되살려 내고, 잃어버린 자신의 좋은 모습들을 찾아내는 것이 필요한 것 같습니다. 제가 보기에는 그렇게 살려 낸 학생의 모습이 온전한 자신의 모습일 것이라 생각합니다.

친구와 사귀고 헤어지는 일은 평생의 숙제입니다

친구와 사귀고 헤어지는 일은 사실 저나 학생을 비롯한 다른 사람들 모두가 평생 동안 해 나가는 숙제입니다. 사귀는 일도 어렵지만 헤어지는 일은 더 어렵습니다. 《좋은 이별》(김형경, 사람풍경)이라는 책도 있듯이 좋은 이별도 큰 과제입니다. 친구를 사귀고 헤어지는 일, 인생을 살다보면 이것만큼 중요한 일도 없습니다. 그래서 이 부분에서 실패하고서 인생에서 성공했다고 말할 수는 없습니다.

좀 어려운 얘기를 하자면, 예전에는 인간이 무엇이냐 하는 문제에 대한 탐구를 인간 개개인이 어떤 존재인가 하는 '존재론'으로 접근했습니다. 하지만 이제는 '관계론'으로 접근합니다. 인간이란 다른 것을 차단한 고정불변의 존재가 아니고, 다른 것들과의 관계 속에서 존재의 의미를 찾을 수 있다는 의미입니다. 이 말은 예전에 국어 교과서에 실린 〈어리석은 자의 우직함이 세상을 조금씩 바꿔 갑니다〉라는 수필을 쓴 신영복 선생님이 하신 말씀입니다. 저는 이 의견이 맞다고 생각합니다. 사람은 혼자가 아니라 다른 사람과 관계를 맺으면서 사람의 모습을 갖추어 살아갈 수 있습니다. 지나간 과거의 상처도 아프겠지만, 더 이상 과거의 상처에만 얽매이지 않고 친구를 사귀어 가는 평생의 숙제를 잘해 나가시길 바랍니다.

05_
짜증나게 하는 애한테
쿨하지 못한 제가 이상한 건가요?

저희 반에는 좀 나쁜 애가 있어요. 애들을 막 갈구고 놀리고선 장난이래요. 툭 치고 지나가고 비난하면서 애들이 뭐라고 하면 장난인데 뭘 그렇게 심각하게 구냐며 오히려 화를 내요. 다른 애들은 괜찮은가 본데, 저는 진짜 화나고 짜증나 미치겠거든요.

그리고 장난이라고 하면 선생님들도 다 넘어가요. 담임선생님도 장난으로 그런 거니까 참으라고 해요. 걔 그런 거 너도 잘 알지 않느냐고 하면서요. 저는 진짜 걔한테 잘못한 것도 없고, 다른 사람 괴롭힌 적도 없는데, 왜 이렇게 괴로움을 당해야 돼요?

왜 제가 그 상황을 이해해 줘야 돼요? 계속 화내면 저만 속 좁고 이상한 애가 돼요. 걸핏하면 화내고 쿨하지 못한 사람이 되는 것 같아서, 괜찮지가 않아요. 저는 왜 다른 애들처럼 쿨하지가 못할까요? 다른 애들은 어떻게 괜찮을 수가 있죠? 이런 걸로 기분 나빠 하는 제가 이상한 건가요?

이 경우에는 의도가 중요한 게 아닙니다

　누구 말이 옳을까요? 한 사람은 괴롭힘이라고 느끼고, 다른 한 사람은 장난이라고 생각하네요. 저는 전적으로 학생 의견에 동의해요. 괴롭힘이라고 보는 것이 맞습니다. 보통의 경우에는 행위의 의도를 봅니다. 내가 그 사람을 해칠 의도가 있었느냐, 없었느냐에 따라 '살인'이 될 수도 있고, '과실치사'가 될 수도 있어요. 자신이 의도하지 않은 교통사고를 내서 상대방이 사망하게 되면, 그것은 살인이 아니고 과실치사라고 하는 거예요. 실수라는 거죠.

　하지만 이 경우에는 행위자의 의도를 보지 않습니다. 그 친구가 괴롭히려고 했는지 그냥 장난인지 중요하지 않다는 얘깁니다. 이때 중요한 것은 피해자가 어떻게 느끼느냐는 것입니다. 피해를 받은 학생이 괴롭힘이라고 느낀다면 괴롭힘이 되는 겁니다. 전적으로 피해자 중심이지요. 불평등한가요? 그렇지 않습니다. 성추행이나 성희롱 사건을 한번 생각해 봅시다. 이것 역시 같은 경우인데요, 가해자가 피해자를 "딸같이 생각해서 그랬다"는 말은 중요하지 않습니다. 피해를 당한 사람이 기분 나빴다면 가해자의 의도와 상관없이 그것은 성추행이나 성희롱이 되는 겁니다. 아시겠지요? 그 학생이 장난이라고 말해도 그건 장난이 아닌 겁니다.

　그러면 왜 그 학생은 장난이라고 했을까요? 장난이라고 하면 담임선생님이 그랬듯이 다들 그냥 넘어가기 때문입니다. 한마디로 둘러대기에 딱 좋은 말이죠. 장난이라고 했는데 화내면 오히려 이상한 사람이 되지요. 그런데 학생이 기분 나쁨을 표시했더니 오히려 그쪽에서 화를 냈다고 했죠? 그 학생의 행동이 단순한 장난이 아니었다고 생각되는 지점이 바로 거기에 있습니다. 만약 자신의 행동이 장난이었다면 미안하다고 얼른 사과할 수도 있겠지요. 그렇지만 그 학생은 화를 냈어요. 자신의 전략이 받아들여지지 않았기 때문이에요. 그 학생은 내가 이렇게 행동하면 상대방이 이렇게 반응할 것이라는 자기 시나리오를 가지고 있습니다. 장난으로 위장한 괴롭힘을 상대방이 당해 줘야 하는 시나리오지요. 그 학생은 이처럼 교묘한 심리 게임을 즐기고 있는 것입니다.

다른 아이들은 정말 괜찮았을까요?

다른 애들은 다 괜찮다고 하는데 학생만 그 아이의 행동이 싫다고요? 그래서 자신이 이상한 것 아니냐고요? 아닐 겁니다. 제가 보기에는 모두들 "쿨하다"는 말을 듣고 싶어 연기를 하고 있는 것 같습니다. 어떤 일에 연연하지 않고, 아주 깔끔하게 관계를 맺으며 쾌활하고 뒤끝 없는 걸 보통 쿨하다고 하더군요. 모두들 쿨하고 싶어 하고 그렇지 않은 사람을 비난하는 분위기에요. 그러니까 다른 학생들이 모두 괜찮다고 하는 건 괜찮은 사람으로 보이고 싶은 마음에서 비롯된 연기입니다.

그러면 "쿨하다"는 말에 대해서 더 생각해 보기로 하죠. 쿨하고 싶다는 마음속에 담긴 생각은 무엇일까요? 앞에서 말씀드렸듯이 상대방에게 자신의 속 좁음을 드러내지 않는 연기일 수도 있고, 또 하나는 타인에게 상처 받고 싶지 않은 약한 마음일 수도 있습니다. 세상을 상처받지 않고 사는 방법이 있어요. 뭐냐 하면 친한 사람을 만들지 않는 것입니다. 상처는 보통 가장 가까운 사이에서 오는 것이거든요. 어떤가요? 쉬운가요? 절대 그렇지 않을 것입니다. 제 말은 친한 친구를 만들지 말라는 이야기가 아닙니다. 그게 아니라 상처받을 수도 있지만 그래도 친한 사람을 사귀어 가면서 인생을 살아가라는 이야기입니다. 사람이 살아가면서 친한 사람들에게서 상처를 받지 않을 수는 없거든요. 그래서 "쿨하다"는 말에 너무 집착하지 말라고 말해 주고 싶습니다. 그 마음속에는 친구 관계에서 오는 괴로움을 피하고 싶은 약한 마음이 있는 것뿐이라고요. 상처받을까 봐 이리저리 피하면서 겁쟁이로 인생을 살아가지 않기를 바랍니다.

서로의 처지를 바꾸어 생각해 볼 수 있어야 합니다

그 친구는 학생이 얼마나 힘든지 모르는 것 같아요. 그래서 입장 바꿔 생각해 보라는 말이 있나 봅니다. 일단 화내지 말고 진지하게 학생의 기분을 전달해 보세요. 화를 내면 그 친구는 화냈다는 것에만 집중할 것입니다. 편지를 써도 좋고, 따로 조용히 이야기할 시간을 가져도 좋습니다. 필요하다면 선생님께 둘 사이의 대화를 중재해 달라고 하십시오. 그것이 어렵다면 선생님께 부탁해서 역할 놀이를 할 수 있는 기회를 가지시길 바랍니다. 역할 놀이를 하면서 간접적으로라도 경험해 보는 것이 중요합니다. 우리가 겪어 보지 않고, 당해 보지 않으면 절대로 모르는 것이 많거든요. 지금은 그 친구가 자신이 뭘 잘못한 건지 모르고 있어요. 무엇을 잘못한지 모르는데 어떻게 그 행동을 반성하고 멈출 수 있겠어요? 이 과정은 지금 이 질문을 하는 학생에게도 필요하지만, 장난이라면서 친구를 괴롭히고 있는 그 친구에게도 아주 필요합니다. 제대로 장난을 칠 줄도 알아야지요. 장난은 네가 좋다, 너랑 재밌게 지내고 싶다는 표현이거든요. 이렇게 좋은 방법을 친구를 괴롭히는 데 쓰면 안 되겠죠? 친구를 괴롭히려는 마음이 없다면 그 마음이 잘 전달되는 방법을 터득해야겠죠? 이렇게 친구를 사귀는 방법은 모두에게 필요한 일이지요.

06_
제가 싫다는데도
다들 별명을 부르며 자꾸 놀려요.

저는 중2이고 김영돈이라고 합니다. 그런데 애들이 저를 자꾸 '꿀돈'이라고 놀립니다. 제가 싫어하니까 어떤 애는 줄여서 '돈'이라고만 부릅니다. 그런데 저는 '돈'이라고 한 글자로만 불러도 싫어요. 제가 화내면 더 재밌어 하고, 진짜로 화나서 막 뭐라고 하면 다른 애들도 다 그렇게 부르는데 뭘 그러냐고 저한테 성질을 내요. 그러면 저만 속 좁은 사람이 되는 것 같아요. 친구들한테 뭐라고 말해도 더 놀리기만 해서, 차라리 반응 안 하고 가만히 있으려고 하는데 잘 되지도 않고 기분이 너무 나빠서 미칠 것 같아요.

친구들도 그렇지만 어쩔 때는 선생님들도 그렇게 불러요. 애들이 막 웃고 그러니까 선생님은 제가 싫어하는지 모르시나 봐요. 어쨌든 제 마음을 알아주는 사람도 없고 모두들 자꾸 괴롭히는 것 같아서 학교에 가기가 정말 싫습니다. 마트나 길에서 반 친구를 만나면 큰 소리로 '꿀돈'이라고 부릅니다. 못 들은 척하고 지나가 버리려고 하면, 일부러 더 큰 소리로 놀리는 거예요. 사람들도 많은데……. 제가 아무리 싫다고 해도 막 별명 부르고 저를 놀리는 애들, 이런 애들 안 보고 살 수 없을까요?

별명을 부르는 것보다 싫어하는 행위를 계속하는 것이 문제의 본질입니다

싫다는 표현을 했는데도 상대방이 계속하면 정말 화가 나죠. 무시하는 느낌도 들고요. 이 문제를 해결하기 위해 학생에게 참으라고, 별일 아니라고 말할 수는 없을 것 같아요. 저는 이 문제 해결을 위해 어른들께 이야기를 해야 할 것 같아요. 무엇보다도 선생님들께 이 문제를 이야기해야 할 것 같습니다. 기성세대 입장에서 보면 "고작 저런 정도로 학교에 나오기 싫을 만큼 힘들까?" 하는 의문이 들 수도 있습니다. 똑같이 별명을 부르지만 학교 문화가 변화하면서 별명을 부르는 의도나 별명을 듣는 학생의 심리가 모두 다릅니다. 단순히 받아들이는 학생의 성격을 중심으로 이러한 현상을 바라보는 것은 잘못된 접근입니다. 요즘 아이들이 혼자만 자라서 자기중심적으로 생각하고 조금만 자기에게 나쁜 소리를 해도 견디지 못한다는 것도 사실이지만, 문제의 본질은 거기에 있지 않습니다.

문제의 본질은 당사자가 싫어하는데도 억지로 별명을 부른다는 겁니다. 별명을 부르는 행동에는 여러 가지 의미가 실려 있습니다. 상대를 비하하는 경우도 있고, 애정과 친근감을 표현하는 경우에도 별명을 부릅니다. 어떠한 의미로 별명을 불렀든 정상적인 인간관계에서는 상대방이 싫어하면 부르지 않습니다. 그러나 요즘 학생들 사이에서는 상대방이 싫어하기 때문에 더욱 줄기차게 별명을 부릅니다. 문제는 바로 여기에 있습니다.

교실에서 힘이 있는 학생들에게는 별명을 함부로 부르지 못합니다. 아니 처음부터 별명이 없는 경우가 많습니다. 그러나 약한 학생들일수록 별명이 많습니다. 그리고 모욕적인 별명이 대부분입니다. 당사자가 싫어하면 더 집요하게 불러서 마음을 상하게 합니다. 더군다나 거기에 항의하면 속까지 좁은 학생으로 매도해 버립니다.

약한 학생에게 붙여지는 별명은 애초부터 모욕적인 것들입니다. 외모를 가지고 웃음거리를 만들거나, 이름을 이상하게 바꿔 부르거나, 개인적인 약점을 꼬집어서 별명을 붙입니다. 거기에 항의하면 더욱 깊은 수렁으로 빠져들어 공개적인 바보로 만들려고 작정하고 부르는 것입니다.

선생님과 함께 교실 분위기를 바꿔 봅니다

약한 친구들을 괴롭히는 많은 방법 중 하나가 별명 부르기입니다. 모욕적인 별명을 자꾸 불러서 힘들다면 교실 분위기를 바꿔야 합니다. 그런데 약자가 교실 분위기를 바꾸기는 힘듭니다. 별명을 부르는 것을 거부할 때 속 좁은 사람으로 몰아가는 교실 분위기를 바꿔야 합니다.

담임선생님과 상의해서 이런 분위를 바꿔 봅시다.

학급 회의를 통해서 별명을 부르면 기분이 나쁘고, 학급의 대다수는 별명을 부르는 것에 대해서 불쾌해 한다는 사실을 공론화해 보세요. 생각보다 많은 학생들이 별명을 부르는 것에 대해서 불쾌해 하고 있다는 사실을 알게 될 것입니다. 그리고 별명을 부르는 데 대해서 불쾌해 하는 것이 결코 속이 좁은 것이 아니라는 사실도 학급 회의를 통해서 말하십시오. 담임선생님께 이러한 사실을 말씀드리면 분명히 도와주실 것입니다. 더 나아가 '긍정적인 별명 짓기'와 같은 방법을 교실에서 시도해 보자고 건의할 수도 있습니다. 담임의 힘을 빌리고 학급 회의를 통해서 용기 있게 자신의 생각을 말해 보십시오. 용기를 내는 사람에게는 힘센 친구들도 함부로 못하는 법입니다. 그리고 그동안 숨죽여 지내던 친구들이 함께 도와줄 것입니다.

07_
재수 없게 나대는 애,
버릇 좀 고쳐 주려고 그랬어요.

저희 반에 되게 재수 없는 애가 있어요. 제가 원래 말투가 이러니까 좀 이해해 주세요. 되게 못생겼는데 너무 나대요. 선생님들이 반 애들 모두에게 질문하면 지가 젤 먼저 대답해요. 그것도 너무 크게요. 그러면 다른 애들이 김새잖아요. 항상 그런 식이에요.

또 한 번은 지각해서 같이 운동장을 돌게 됐거든요. 저희 반에 지각하는 애가 꽤 많아서 담임이 참다 참다 결국에는 그렇게 한 거예요. 제가 지각한 게 잘했다는 건 아니에요. 그런데 담임이 일등하고 꼴찌하고 반 바퀴 넘게 차이 나면 다시 뛰게 한다고 그랬거든요. 안 뛰고 꾀부리는 애들 없게 하려고 그랬는지 모르겠지만, 그러면 자기가 아무리 잘 뛰어도 다른 애들 봐 가면서 천천히 뛰면 되잖아요. 근데 잘났다고 막 앞서서 나가는 거예요. 결국 걔 때문에 두 바퀴 더 뛰었잖아요. 너무 이기적이지 않나요? 걔는 정말 그렇게 살면 안 돼요. 그래서 나중에 그랬어요. 너 그렇게 살면 안 된다고. 아마 저희 반 애들 거의 모두가 그렇게 생각할 거예요.

말도 항상 시키듯이, 따지듯이 해요. 그러니까 누가 좋아하겠어요? 그래서 애들 전체가 그 애를 싫어하니까, 걔가 담임한테 가서 징징댄 거예요. 그러니까 담임이 누가 그러냐고 그랬겠죠? 저만 그런 것도 아닌데, 제 목소리가 크니까 저를 지목한 거예요. 지가 잘못한 건 생각도 안 하고. 아니, 좋은 의도로 버릇을 고쳐 주려고 그랬는데 제가 잘못된 거예요? 자기 잘못부터 좀 반성하라고 그랬으면 좋겠어요.

비난은 관계를 파괴할 뿐 행동을 바꿀 수는 없습니다

그 아이의 버릇을 고쳐 주고 싶다는 학생의 말을 그대로 믿고 싶습니다. 그런데 그렇게 하니까 버릇이 고쳐지던가요? 많은 부모님과 선생님들이 네가 좀 더 잘 되라고 그런 거라며 상처를 줍니다. 그런데 자신의 의도와는 상관없이 어떤 일이 나쁜 결과를 가져올 때도 있습니다. 그래도 자신의 의도만 설명하는 사람들이 있어요. 그럴 의도가 아니었다고, 정말 억울하다고요. 정말로 성숙한 사람이라면 자기가 의도하지 않았다 할지라도 그것이 다른 사람에게 상처가 됐다면 그 결과마저도 수용하는 태도를 가져야 합니다. 세상이 내 의도대로 되지 않는다고, 내 의도를 왜곡한다고 분노하지 않기를 바랍니다.

그리고 또 하나는 비난으로 사람을 바꿀 수 없다는 것입니다. 어른들은 잔소리를 하면 효과가 있다고 생각해요. 그러나 문제 행동을 멈춘 것은 비난이 싫어서이지, 그 행동 자체에 문제가 있다는 것을 알아서가 아니에요. 그런데 사람들은 착각을 합니다. 자기가 잔소리를 해서 잘못된 걸 고친다고요. 그래도 이런 경우는 그나마 비난이 조금이라도 효과가 있을 때입니다. 때로는 효과가 전혀 없는데도 계속해서 비난하는 경우도 있습니다. 이런 경우는 그 사람의 행동을 고쳐 주기보다 화풀이를 하고 싶어서예요. 다시 한 번 말하지만 비난으로 사람을 바꿀 수는 없습니다. 학생이 정말 아끼는 친구의 단점이 걱정된다면 다른 방법을 찾아보시기 바랍니다. 비난은 행동을 바꾸도록 하는 효과도 없을 뿐 아니라 비난하는 사람까지 혐오하게 만듭니다. 관계를 파괴한다는 뜻이지요. 비난은 사랑이 아니라 단지 독이 있는 말일 뿐입니다.

학생이 학생을 심판할 수도, 처벌할 수도 없습니다

비난을 경계해야 하는 더 큰 이유는 학생이 같은 학생을 심판할 수 없기 때문입니다. 친구끼리는 평등해야 하고 서로 옳고 그름을 지적할 수 없습니다. 그런데 지금 학생은 자신이 옳고, 상대방은 그르며 심지어 버릇을 고쳐 주겠다는 생각을 갖고 있습니다. 그 생각의 밑바탕에는 내가 너보다 나은 인간이며, 너는 나보다 못한 인간이라는 전제가 깔려 있습니다. 그러나 사람은 모두 평등하며 세상에 무시 받아도 되는 사람은 없습니다. 교실은 이러한 가치를 배우는 곳이 되어야합니다. 만약 세상이 그렇지 못하다면 우리가 교실 안에서 좋은 것을 경험해 보고 그런 세상이 되도록 바꾸어 나가야 합니다.

앞서 제가 학생이 같은 학생을 심판해서는 안 된다고 이야기했습니다. 친구의 나쁜 버릇을 왜 학생이 고쳐 줘야 하지요? 왜 스스로가 심판자가 되어 처벌할 수 있다고 생각하죠? 사회에서는 아무리 흉악범이라고 해도 사람들이 직접 때리거나 해를 입힐 수 없습니다. 심지어 피해를 입은 당사자라고 해도 말입니다. 쉽게 말하면 누가 내 소중한 가족을 죽였다 할지라도, 그 사람을 직접 찾아가 죽이면 안 됩니다. 우리 사회는 이렇게 사적인 복수를 금지하고 있습니다. 그리고 복수는 더 무서운 복수를 낳을 뿐 문제를 해결할 수도 없습니다.

학교에서 보면 어떤 아이가 조금이라도 잘못한 일이 있으면 나서서 이르는 친구가 있습니다. 고자질하는 것처럼 말이에요. 때로는 선생님을 위하는 척하면서 친구를 야단치기도 하죠. 또 어떤 경우에는, 반 아이들에게 평판이 안 좋은 선생님이 있으면 나서서 그 선생님 시간에 딴지를 걸기도 하죠. 자신이 불의에 대항하는 사람인 것처럼요. 그런데 매사에 이렇게 나서서 남의 잘잘못을 들추고, 맘에 안 드는 선생님께 대표로 삐딱하게 구는 것은 그 친구가 정의감에 불타서만은 아닙니다. 그 친구의 속마음에는 권력을 잡고 싶은 욕망이 있는 거랍니다. 자신의 속마음을 들키지 않으면서 다른 사람들에게 좀 더 그럴듯하게 보이고 싶은 거지요. 그런데 자신이 돋보이려면 상대방이 더 이상한 사람이면 더 좋겠지요. 자신의 행위를 정당화하려면 상대방을 이상한 사람으로 만들어야 할 필요가 있겠죠. 그렇게 하려면 계속 뒷담으로 그 아이의 문제를 들추게 되고요. 비난당하는 사람을 발판 삼아서 자신을 돋보이게 하려는 마음, 타인에게 어떻게 하면 그럴듯한 사람으로 보일까 하는 마음, 심판자 노릇을 하려는 것은 바로 그 마음이 표현된 것입니다.

단점보다는 장점에 눈을 돌렸으면 좋겠습니다

단점은 누구에게나 있습니다. 그리고 더 놀라운 것은 스스로도 자신의 단점을 조금은 알고 있다는 것입니다. 그러나 누군가가 자신의 단점이나 약점을 지적하면 대부분은 관심을 가져 줘서 고마워하기보다 불쾌해 하거나 숨기려고 하고 심지어 공격하기까지 합니다. 자신의 단점을 들켜서 부끄러운 거죠. 사람이 부끄러우면 약해 보이기 싫어서 공격하는 습성이 있습니다. 제 잘못은 모르고 화만 내는 아이. 사실은 그 아이의 이야기만은 아니에요. 대부분 사람들이 그렇지요. 상대방이 자신의 약점을 공격하는 줄 알고 공격적으로 나오는 거예요. 학생은 학생대로 친구가 자신을 무시한다고 생각할지도 모르겠군요. 이 상황이라면 모두가 상처투성이가 되겠어요.

그러면 어떻게 해야 할까요? 제 생각에는 우리가 단점보다는 장점에 눈을 돌렸으면 좋겠습니다. 사람들은 자신의 단점보다 장점을 알아주는 사람을 좋아합니다. 단점은 자신도 충분히 알고 있거든요. 그러므로 자신의 장점을 봐 주고 단점도 괜찮다고 이야기해 주는 사람들 속에서 안정감을 느끼고 더 발전해 갑니다. 우리는 친구에게 하지 말아야 할 말을 해서 상처를 주기도 합니다. 그러나 정직보다도 중요한 것, 솔직해지는 것보다 중요한 것이 세상에는 존재한답니다.

08_
잘못은 똑같이 했는데 왜 저만 징계를
더 심하게 받아야 하나요?

저는, 툭 까놓고 말해서, 문제아입니다. 사실 선생님 말씀도 잘 안
듣고 부모님 말씀도 잘 안 들어요. 밤에는 애들끼리 어울려 놀고, 수업
시간에 엎드려 자고, 일어나라고 뭐라고 하는 선생님이 있으면 못 들
은 척 개겼어요. 그랬더니 어느 순간부터는 건드리지도 않더라고요.
그런데 이번에 징계를 받게 됐어요. 친구가 아는 중3 후배가 싸가지
없게 군다며 손 좀 봐 주고 싶다고 그랬거든요. 그래서 친한 친구들끼
리 그 중학교에 같이 갔죠. 저희가 일곱 명이었는데, 좀 있으니까 친구
가 운동장으로 그 후배를 데리고 왔어요. 제 친구가 왜 자꾸 내 욕하고
다니냐면서, 그만 깝치라고 그 후배 애 얼굴이랑 어깨를 한 대씩 때렸
어요. 진짜로 심하게 때린 건 아니에요. 그리고 무릎 꿇으라고 했죠. 저
희가 많아서 쫄았는지 금방 잘못했다고 했어요. 미안하다고요. 다시는
안 그런다고요. 이게 다예요. 그런데 다음날 학교에 갔더니 난리가 난
거예요. 그 애는 병원에 입원했는데 몇 주 진단이 나왔고, 정신적인 충
격도 크다고 한대요. 졸지에 거기에 간 일곱 명이 집단 폭행으로 걸렸

어요. 거기에 있었다는 것 자체가 잘못이라나요? 물론 거기까진 이해합니다. 개가 쪼는 거 보니까 옆에 있기만 해도 잘못한 거 알겠어요.

그런데 문제는요, 왜 저만 징계를 더 심하게 받아야 하냐고요. 저희 일곱 명이 학교가 달라요. 다른 애들은 그냥 교내 봉사인데 저는 사회봉사예요. 저희 학교에 전에도 이런 일이 있어서 예전과 똑같은 징계를 준 거래요. 그래도 그렇지, 잘못은 똑같이 했는데 학교가 다르다는 이유로 이렇게 징계를 다르게 준 게 말이 되나요? 전 정말 억울합니다.

징계에 대한 신뢰가 없다는 점은 분명 문제입니다

똑같은 잘못을 했는데 처벌이 다르니 억울할 만하네요. 학생처럼 억울하다고 생각할 학생들이 많을 거라 생각합니다. 기본적으로 자신이 잘못했다고 하더라도 이렇게 때와 장소에 따라 다른 처벌을 받으면 잘못을 반성하기보다 학교가 공정하지 못하고 잘못하고 있다는 생각이 들지요. 징계가 억울하다 생각되면 화해나 반성도 어렵고 진정한 해결도 어렵습니다. 저는 이런 상황이 안됐다고 생각하고 문제 상황에 대해서는 공감하지만 학생의 행동 자체를 긍정하지는 않습니다. 학생이 잘한 건 아니라는 말이에요. 다시 말해 학교 욕을 하느라고 문제의 원인이 자신의 폭력 가담에 있다는 기본적인 사실마저 잊으면 안 됩니다.

학생이 학교폭력대책자치위원회의 조치가 부당하다고 생각된다면 상급 기관, 즉 시·도 교육청의 징계조정위원회에 재심을 청구할 수 있어요. 기한은 학교폭력대책자치위원회의 결과를 받은 날부터 15일 이내, 그리고 그 조치가 있음을 안 날로부터 10일 이내에요. 이런 방법을 통해 학생의 억울함을 풀어 볼 수도 있습니다. 하지만 무엇보다 학생 스스로 "재수가 없었다"는 생각보다는 그것도 폭력이고, 그 후배 애한테 잘못했다는 생각을 가지는 것이 중요하다고 생각합니다.

징계의 종류만 있을 뿐 어떻게 처리하라는 지침은 없습니다

학교폭력 문제가 생기면 학교에서는 학교폭력대책자치위원회가 열립니다. 이 위원회는 선생님들뿐만 아니라 학부모 위원, 지역 사회 대표, 경찰, 변호사 등 여러 사람으로 구성됩니다. 여기에서 학생의 징계 정도를 결정하는데 보통 학교의 선례를 참고하고, 위원회에 참여한 사람들의 철학과 경험을 반영해서 결정을 내리죠. 여기에 정해진 매뉴얼 같은 것은 없습니다. 이런 상황이다 보니 학교마다 다른 징계가 내려질 가능성은 얼마든지 있지요.

학교폭력 문제를 처리할 때 가장 기준이 되는 것이 학교폭력 예방 및 대책에 관한 법률입니다. 이 법률에 의해 학교폭력대책자치위원회를 구성하고, 피해 학생도 보호하고 가해 학생에 대한 조치도 내립니다. 그런데 여기에는 징계의 종류만 있을 뿐 정도에 따라 어떻게 처리하라는 지침은 없습니다. 이 법률 제17조에 따르면 가해 학생에게 는 피해 학생에 대한 서면 사과, 피해 학생에 대한 접촉, 협박 및 보복 행위 금지, 학교에서의 봉사, 사회봉사, 학내외 전문가에 의한 특별 교 육 이수 또는 심리 치료, 10일 이내의 출석 정지, 학급 교체, 전학·퇴 학 처분의 조치를 취할 수 있습니다. 상황과 잘못의 무거움과 가벼움 을 따져 가면서 징계 수위를 융통성 있게 정하라는 취지가 지금은 학 생의 불만처럼 학교마다 들쑥날쑥한 징계 결과를 가져오게 된 것입니 다.

명확한 기준 안에서 융통성을 발휘할 수 있어야 합니다

사회 정의가 실현되지 않은 사회에서는 온통 억울한 죄수투성이 입니다. 잔인하고 파렴치한 잘못을 저지른 중범죄자들조차도 누구는 '백'(배경)이 있어서 괜찮은데 자기만 돈 없고 재수 없어서 걸렸다고 한 탄합니다. 학교가 제대로 된 기준과 절차를 마련하지 않고 공정한 조 치를 내리지 않으면 학생들도 억울한 죄수들처럼 자신의 잘못을 반성 하지 않고 세상 탓만 할지 모릅니다.

지금은 학교폭력에 대한 조치 내용이 학교 생활기록부에 기록되 기 때문에 어느 때보다 공정한 징계 기준이 필요하죠. 그렇지 않으면 제대로 해결하기는커녕 결과에 대한 수많은 불만을 처리하는 데 더 오랜 시간이 걸릴 지도 모릅니다. 기준을 명확히 한다는 것이 곧 가해 학생에 대한 기계적인 처벌을 의미하는 것은 아닙니다. 특별한 경우는 정상 참작을 적용할 수 있겠지요. 지금 제가 말씀드리고 싶은 것은 정해진 기준 안에서 융통성을 발휘하는 것하고, 지금처럼 아무런 기준이 없는 상황에서 다양한 메뉴에서 음식을 고르듯이 징계를 결정하는 것하고는 엄청나게 다르다는 것입니다. 빨리 제대로 된 기준을 마련해서 지금 상담하는 학생처럼 억울한 학생이 더 이상 생기지 않아야 합니다. 그리고 그것이 잘못을 저지른 다른 많은 학생들에게 반성의 기회가 되고, 전환점을 맞이하는 계기가 되기를 바랍니다.

09_
학교폭력은 왜 중학교 때
가장 많이 일어날까요?

　저는 인문계 고등학교 1학년 학생입니다. 고등학교에 오니까 사람들이 학교폭력이 심하다고 하는데 중학교 때보다는 훨씬 덜한 것 같아요. 중학교 때에는 정말 심했거든요. 중학교 2학년 때 저희 반에 전따도 있었는데, 그 애를 괴롭히려고 치고 도망가고, 의자에 압정을 두기도 했어요. 지금 생각하면 너무 잔인하고 이상하게 느껴지지만 그때는 다 그렇게 했어요. 지금 생각하면 왜 그랬을까 싶지만요.

　고등학교에 오니까 다들 공부만 하는 것 같고, 그래서 그런지 학교폭력이 그렇게까지 심하지는 않은 것 같아요. 그렇다고 뒷담이나 은근히 따돌리는 걸 하지 않는 건 아니지만 옛날처럼 대놓고 그렇게 하지는 않아요. 학교폭력 문제는 왜 중학교 때 가장 많이 일어나나요?

중2병은 학교폭력과 얼마만큼 관계가 있을까요?

학생들이나 선생님들 모두 학교폭력 문제는 중학교 때 가장 심하다고 생각하는 것 같아요. 그런 현상을 증명하듯이 중학생들의 이상행동을 설명할 때면 '중2병'이라는 용어를 쓰더군요. 학생 역시 이 말을 들어본 적이 있지요? 인터넷 사전에서는 '중학교 2학년 나이 또래의 사춘기 청소년들이 흔히 겪게 되는 심리 상태를 빗댄 신조어'라고 나와 있는데, 혹자는 "성장 호르몬 과다 분비로 생기는 정신이상"이라고 우스갯소리를 하더군요. 학생들 사이에서 "쟤는 중2병이야" 했을 때, 그것이 무슨 뜻인지 봤더니 허세, 무개념, 잘난 척, 우월감 등의 다른 표현인 것 같더군요. 그래서 보통 학생들이 다른 학생들을 따돌릴 때 사용하기도 하고, 자기 권력을 과시하려고 교사에게 대드는 아이들을 비꼴 때 사용하기도 합니다. 어쨌든 중2병은 '중학생들의 이상행동'을 지칭하는 용어로 사용되고 있고, 이것이 학교폭력 문제와 관련이 있다고 생각합니다.

그러면 정말 중학생이 되면, 특히 중2가 되면 '중2병'이 자연스럽게 발병하는 걸까요? 그 문제에 대답하기 전에 우선 중2가 어떤 시기인지 살펴보겠습니다. 중1은 초등학교에서 중학교로 진학한 첫 해로 여러 가지 변화가 있습니다. 그런 의미에서 본격적인 중학 생활의 시작은 중2부터라고 할 수 있겠지요. 중학교에 들어오면 둘레에서 기대하는 부분이 생길 뿐 아니라 자기 정체성도 고민하게 됩니다. 질풍노도의 시기라고 할 만큼 신체적·심리적인 변화가 심한데 여기에 특목고 입시 준비 등 본격적인 진로나 고등학교 입시에 대한 부담이 가중되어 총체적으로 변화와 불안을 겪게 됩니다. 그런데 이런 변화와 불안이 곧바로 학교폭력으로 연결되는 걸까요?

중학교에 오면 학생들이 심리적인 불안을 많이 겪습니다. 초등학교와 달리 중학교에서는 담임선생님이 교실에 늘 머물지 않습니다. 게다가 과목마다 다른 선생님이 수업에 들어옵니다. 이렇게 어른들의 감시와 감독이 소홀한 틈에 아이들은 소속 경쟁 및 지위 경쟁을 심하게 벌입니다. 초등학교와 비교하면 가해 학생은 무한 자유를 느끼며 하고 싶은 일을 다할 수 있게 되고, 피해 학생은 더 불안한 상황에 놓이게 되면서 이곳저곳을 탐색하며 소속할 곳을 찾게 되지요. 교실에 담임선생님이 머물지 않는 상황은 문제의 해결 과정에서도 차이를 가져옵니다. 초등학교는 담임교사의 철학 아래 즉각적이고 일관되게 문제를 해결할 수 있습니다. 초등학교에서는 담임교사가 수업을 전담하기 때문에 담임교사가 주도적으로 문제를 해결해 가는 과정이 아이들에게 다 공개됩니다. 그러나 중학교나 고등학교의 경우 문제가 발생하면, 피해자나 가해자를 따로 불러 해결하지요. 다른 아이들은 수업을 계속 진행하고요. 이것을 학급에 공개하려면 보통 조회나 종례 시간까지 기다립니다.

고등학교와 중학교의 차이는 고등학교는 의무교육 기관이 아니라는 점입니다. 따라서 여러 가지 이유로 더 이상 학교에 다닐 필요성을 느끼지 못하면 자퇴를 결정하기도 합니다. 고등학교에서는 이러한 자기 결정이 존중됩니다. 그래서 많은 경우 학교폭력을 당하면 학교 부적응이라는 이유로 스스로 학교를 그만두기도 합니다. 실제로 이런 이유 때문에 다른 학생들이 상대적으로 학교폭력이 중학교 때보다 덜하다고 느끼기도 한답니다.

또 하나 대학 입시입니다. 입시라는 당면 과제 앞에서 지위 경쟁을 미뤄 두게 되는 것입니다. 그러나 입시 문제는 학교폭력과 인과관계로 보기에 애매한 점이 있습니다. 왜냐하면 사람에 따라 학교폭력이 심해지는 논거로도 사용하기 때문입니다.

위계 구조가 고착화된 고등학교를 평화롭다고 볼 수는 없어요

앞에서 초등학교와 고등학교가 중학교와 어떤 차이가 있는지 설명했습니다. 학생의 물음은 왜 중학교에서 학교폭력이 가장 심한가, 하는 것이었습니다. 그리고 그러한 물음의 전제는 고등학교는 중학교에 비해 학교폭력이 심하지 않다는 것입니다. 그러나 고등학교의 학교폭력이 중학교보다 결코 약하지 않습니다. 고등학교에 들어와서 약화되는 것처럼 보이는 것은 학생들에게 생긴 '위계 구조의 고착화'와 그에 따른 '패배감의 내재화' 때문입니다. 중학교에서는 외모의 성장이 급속도로 이루어지고 여러 가지 변화가 생기면서 초등학교 때와는 다른 위계 구조를 만들어야 할 필요성이 생기는 거죠. 그래서 신체 폭력을 이용해서라도 자기 권력을 보여 줄 필요가 있고, 그를 통해 높은 지위를 차지하려고 하죠. 그러나 고등학교에 오면 이러한 폭력의 위계 구조가 고착화됩니다. 학생들 마음속에는 학교폭력은 더 이상 내 힘으로 어찌해 볼 수 없다, 그러니 그냥 조용히 살면서 공부나 하자는 생각이 있습니다. 이 상황을 폭력이 없다고 말할 수는 없습니다. 눈에 보이는 폭력이 덜할 수는 있습니다. 그러나 이러한 폭력 구조가 있는 한 학교폭력이 없다는 진단은 잘못된 것이지요. 폭력이 있지만 내가 손해를 보기 싫고 문제를 일으키고 싶지는 않다는 생각으로 살아가는 고등학생의 상황을 평화롭다고 할 수 없습니다. 저는 그런 상황을 폭력이 없다고 판단하는 것은 잘못이라고 생각합니다.

학교폭력을 없애려면 폭력이 무엇인지 알아야 해요

저는 입시 전쟁이 심한 고3 교실에서도 사소하고 일상적인 폭력이 계속되는 것을 본 경험이 있습니다. 선생님이 반 아이들 모두에게 던진 질문에 빨리 대답하는 친구를 얼마나 날카롭게 공격하던지……. 모의고사를 잘 봤다고 하는 친구를 잘난 척한다고 비난하기도 하고, 못 봤다고 말하면 자기만 못 본 것도 아닌데 유난을 떤다고 비난하기도 했습니다.

겉으로 보이는 폭력만이 폭력이 아닙니다. 중학교에 비해 고등학교에서 학교폭력이 덜하다는 학생의 생각을 이제는 바꿔야 할 것 같습니다. 은밀한 폭력, 눈에 보이지 않는 폭력, 일상적인 폭력도 폭력이며 그것이 거대한 폭력으로 커질 수 있고, 때로는 사소한 폭력도 상대방에게는 치명적일 수 있습니다.

　학교폭력을 없애기 위해서는 폭력이 무엇인지 알아야 하는데, 많은 사람들이 사소하고 일상적인 폭력은 폭력인지조차도 모릅니다. 왜 중학교에서 학교폭력이 가장 많이 일어나는지 궁금할 수 있습니다. 그러나 보이는 것이 다가 아닐 수 있어요. 말씀드린 대로 중학교는 초등학교의 교실 상황과 다르고, 자기 뜻에 따라 자퇴를 결정할 수 있어서 통계에 제대로 잡히지 않은 고등학교와도 다릅니다. 중요한 것은 어디에나 폭력이 있다는 것입니다. 그리고 학교폭력의 정도가 달라지는 것이 아니라, 모습이 달라지는 것이라고 생각합니다. 학생이 처음에는 단순한 호기심에서 질문을 시작했을지 모르지만 이제 생각을 좀 더 넓혔으면 해요. 폭력은 여러 가지 모습을 하고 우리 곁에 다양하게 있으니까 "아, 저것도 폭력이구나" 하고 일상생활 속에 작은 문제들도 섬세하게 감지하고 저것을 함께 없애야겠다고 노력하는 방향으로요. 너무 큰 기대인가요? 그러나 우리가 움직이는 만큼 바꿀 수 있답니다. 폭력을 두려워하는 각자가 아니라 폭력을 없애고 행복한 삶을 이뤄내는 모두가 되었으면 합니다.

10_
'학교폭력 예방 교육' 대체 왜 하는 거예요?
너무 지루해요.

아무리 학교폭력이 심하다고 해도 이건 너무한 것 같아요. 더운데 강당에 몰아 놓고 경찰서 같은 데에서 나온 사람이 처음 30분은 유명한 사람과 찍은 사진을 보여 주면서 자기 자랑을 한참 하더니, 다음 20분은 요즘 학생들 학교폭력이 어떻고 저떻고 하면서 설교만 하다가 갔어요.

정말 어른들은 이렇게 하면 학교폭력이 해결될 수 있다고 생각하는 건 아니겠죠? 그런데 도대체 왜 해마다 이런 걸 해요? 어쩔 수 없이 하는 건가요? 그리고 학교폭력 설문지도 마찬가지예요. 학생부에서 1년에 몇 번씩 나눠 주고 써 내라고 하는데 진짜로 폭력을 당하고 돈 뺏겼어도 그걸 거기다가 적어 내는 바보가 어디 있겠어요? 그 자리에서 빨리 작성해서 내라고 하는데, 이건 비밀 보장도 되지 않고, 까딱 잘못했다가는 일렀다고 보복당하기 딱 좋죠. 한마디로 어처구니없는 짓인 거죠.

저는 어른들이 이런 걸로 학교폭력이 없어진다고 믿는지 진짜로 궁금합니다. 만약에 그렇지 않다면 도대체 이런 걸 왜 하고 있는지 속 시원히 알려 주세요.

'학교폭력 예방 교육'의 형식화가 가져온 비극

정말 의미 없어 보이는 '학교폭력 예방 교육'을 왜 하느냐고요? 꼭 하도록 되어 있기 때문에 합니다. 학교폭력 예방 교육은 학생과 교직원에게는 학기별로 1회 이상 하게 되어 있고, 학부모에게는 홍보물을 연 1회 이상 만들어서 나눠 주도록 되어 있어요. 그것이 법으로 정해져 있답니다(학교폭력 예방 및 대책에 관한 법률, 제15조 제1항, 제2항 및 제11조 제4항). 이렇게 꼭 하도록 정해져 있으니까 학교에서는 형식적이라도 그걸 하고 있는 거죠. 설문지도 마찬가지예요. 보고하도록 되어 있으니까 하는 거예요.

이렇게 형식적으로 이루어지다 보니, 학교폭력 예방 교육도 학교폭력 실태 조사 설문지도 실질적인 효과가 없게 되었습니다. 그리고 학생의 어투에서 느껴지듯이 학교에 대한 불신이 오히려 더 쌓이는 결과만 낳았습니다. 교사들은 위에서 정해 놓은 일정에 따라 아이들을 강당으로 보내고 질서 지도하기에 바쁘죠. 아이들은 아이들대로 덥고 비좁은 강당에 쪼그려 앉아서 강의를 듣죠. 학생이 지적한 것처럼 어쩌다 이상한 강사가 온다면 그건 정말 시간 낭비가 되는 것이죠. 이 과정에서 교사들은 교사들대로, 학생들은 학생들대로 모두가 소외를 경험하는 것 같습니다.

왜 이렇게 형식적인 예방 교육을 하고, 의미 없어 보이는 설문 조사를 계속하는 걸까요? 첫째로 어떠한 방식으로도 학교폭력이 없어지지 않을 것이라는 교사들과 학생들의 패배감 때문입니다. 학생들뿐 아니라 어른들도 예방 교육이 쓸모없다는 생각을 갖고 있어요. 그동안 받아왔던 교육이 그러했고, 그동안 겪은 삶의 경험이 그러했기 때문이지요. 즉 교사에게는 아무리 해 봐도 사라지지 않을 거라는 생각, 아무리 좋은 걸 준비해도 열심히 듣지 않을 거라는 아이들에 대한 불신이 있고, 학생들 역시 지금까지 형식적으로 들어온 것이 아무 도움이 되지 않았으며 이것 또한 아무 짝에도 쓸모없을 것이라는 판단을 미리 하고 있는 거지요.

또 두 번째 이유는 아직 교육계가 준비되지 않았다는 것입니다. 학교폭력의 역사는 학교의 역사만큼 오래되었지만 예방 교육이 의무가 된 것은 10년 정도밖에 되지 않았습니다. 이러다 보니 예방 교육이 무엇인지도 잘 모르고 어떻게 해야 하는지는 더더욱 모르는데 하라니까 어떻게든 해야 하는 상황을 맞이한 것이죠. 시작부터가 학교에서 절실한 필요성을 느껴서라기보다는 위에서 던져 준 일감이었던 것이지요. 그러다 보니 소수의 전문가밖에 없는 상황에서 자격을 갖추지 못한 사람들까지 가세하게 되어 아무도 그 질적 수준을 예측하기 힘든 상황이 된 것입니다.

실태 조사 설문지도 준비가 안 되어 있기는 마찬가지입니다. 설문 조사를 할 때는, 설문 결과 자체가 중요한 것이 아니라 그 결과를 어떻게 처리할 것인가가 더 중요합니다. 그 결과에 대한 조치란 무조건 교내 봉사 며칠, 사회봉사 며칠 하는 식의 징계를 뜻하는 것이 아닙니다. 그런 징계나 처벌 말고, 그 문제를 제대로 해결할 준비가 되어 있는지 생각해 보아야 합니다. 징계가 곧 해결은 아니니까요. 피해자 치유 프로그램이나 가해자 교육 프로그램 등이 준비되어 있느냐 하는 점입니다. 그렇지 않고 설문지만 돌리는 것은 무책임한 일입니다. 대부분의 학교는 아직 이러한 준비가 되어 있지 않습니다. 그래서 설문지에서 어떤 폭력의 징후가 발견되는 것이 귀찮고 곤란한 거지요. 학교폭력 실태 조사 설문지가 이렇게 엉터리로 실시되고 있는 배경에는 이런 사정이 존재하고 있었던 것입니다.

학교폭력 예방 교육은 학급 단위로 이루어져야 합니다

학교폭력 예방 교육이 실질적으로 이루어지려면 강당에서 모여서 하는 형식적인 강의 위주의 방식을 벗어나야 합니다. 예방 교육은 삶의 구체적인 공간에서 이루어져야 하는데 날마다 생활하는 공간인 학급 단위가 되어야겠지요. 학급은 교실이라는 공간적 의미도 있지만, 삶을 함께해 가는 공동체의 의미도 있습니다. 요즘에는 수준별 이동 수업이나 교과교실제가 도입되어 갈수록 학급의 의미가 퇴색되어 가고 있기는 합니다만 학급 공동체는 굉장히 특수한 한국적 상황을 보여 주고 있습니다.

학급이 해체된다면 굳이 학급 단위의 교육을 고집할 필요는 없습니다. 제가 말씀드리고 싶은 것은 실질적인 삶의 단위에서의 교육이 필요하다는 것입니다. 그렇다면 내용 자체도 막연하고 일반적인 내용이 아니라 학급에서 일어나고 있는 실제적인 문제에 대해 논의하고 컨설팅을 받는 방식으로 이루어질 수 있는 가능성이 커지기 때문입니다.

학생 스스로 주체가 되어야 합니다

학교폭력에 관한 실질적인 예방 교육이 있기 위해서는 먼저 학생 스스로 주체성을 회복해야 합니다. 학교폭력을 다른 사람의 문제가 아닌 자신의 삶의 문제로 가져와야 합니다. 학교폭력 예방 교육이 어른들이 형식적으로 하는 지겨운 설교가 아니라 학생들의 문제를 해결하는 것이라면 스스로 주체가 되어 준비해 보는 것은 어떨까요? 이것 역시 떠맡기려고 그러는 것이 아니라 학생들이 자치를 경험하고 그 안에서 자정 능력을 갖게 되기를 바라기 때문입니다. 그러나 이것은 학생회가 활성화되고, 학급 회의가 활성화되어 자치 문화가 만들어졌을 때, 즉 역량이 생겼을 때 가능한 일이겠지요. 학생들 스스로가 학급 차원, 학년 차원, 학교 차원에서 평화 규칙을 만들고 이를 지켜 나갈 수 있으면 좋겠습니다. 지금은 급진적인 것처럼 보일 수 있으나 독일 같은 나라에서는 이미 하고 있는 일입니다. 독일의 학교에서는 학생들 사이의 작은 싸움까지 학생들이 중재자가 되어 해결하는 분쟁조정위원회가 있대요. 중재자가 되려면 분쟁 조정 교육을 받고 자격증을 받아야 한다고 하네요. 이런 것을 지금 우리는 상상하기 힘든 상황이죠. 그러나 학생들을 대상화하는 현재의 잘못된 습관에서 벗어나 학생들이 주체가 되어 자신의 문제를 바라보고 해결할 수 있게 되기를 바랍니다.